図解で早わかり

◆債権法改正に対応！◆
民法[財産法]のしくみ

弁護士・行政書士
木島 康雄 監修

本書の3大特色

総則、物権、債権、事務管理、不当利得、不法行為まで解説。

膨大な民法（財産法）の基本と
新しい契約ルールが
本書1冊で学べる

120年ぶりに変わった！
債権法改正に完全対応。

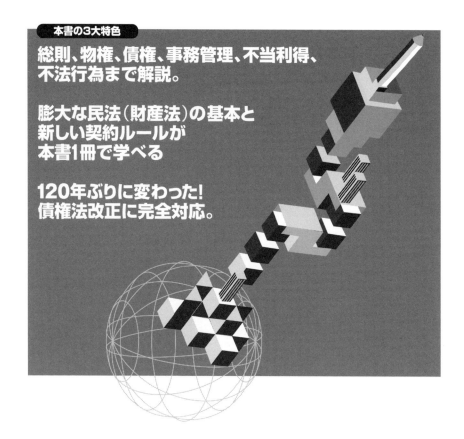

三修社

本書に関するお問い合わせについて

　本書の記述の正誤、内容に関するお問い合わせは、お手数ですが、小社あてに郵便・ファックス・メールでお願いします。お電話でのお問い合わせはお受けしておりません。内容によっては、ご質問をお受けしてから回答をご送付するまでに１週間から２週間程度を要する場合があります。

　なお、本書でとりあげていない事項や個別の案件についてのご相談、監修者紹介の可否については回答をさせていただくことができません。あらかじめご了承ください。

はじめに

　私たちが社会生活を営むには、物品を購入する、住居を借りるなどの取引が欠かせません。他人と取引をしたときは、期日までにお金を支払う、約束した物品を引き渡すなどといった一定の権利・義務の関係が生じます。このような権利・義務の関係を構築しながら、私たちは生活しているわけですが、取引が常に問題なく行われるとは限りません。

　たとえば、自分はお金を支払ったのに、相手が物品を一向に引き渡さなかったり、住居を賃貸したのに、借りた人が家賃を払ってくれなかったりと、トラブルが生じることがありえます。このようなトラブルを解決するには、一定のルールが必要です。そこで登場するのが「民法」という法律です。つまり、民法には、取引において生じた利害の対立を調整して、トラブルを解決するための方法が示されているのです。

　そして、2017年に大幅な改正が行われたことで、現在、民法はとくに注目されています。おもに債権の分野が改正されたことから、2017年の民法改正は「債権法改正」と呼ばれています。1896年の民法成立時から現在までほぼ不変であった条文の大幅な改正であるため、私たちの日常の取引にも少なからず影響が生じるといえるでしょう。

　本書は、はじめて民法を学習する学生や一般市民を対象にした民法の入門書です。民法の中でも「財産法」と言われている総則（PART 1）、物権（PART 2）、債権（PART 3～5）の全般にわたる事項を、図表を交えながらわかりやすく解説しているのが特長です。2017年6月に公布された「債権法改正」に対応しており、時効制度、法定利率の変動制、個人保証の制限、契約不適合責任など、債権法改正で注目されている制度をとりあげています。さらに、改正前民法と債権法改正との間で相違がある部分を明らかにして、来たるべき債権法改正の施行（公布から3年以内の施行予定です）に向けて、今から備えることができるようにしています。

　本書を通じて民法の「財産法」についての理解を深めて、皆様のお役に立てていただければ監修者として幸いです。

監修者　弁護士　木島　康雄

CONTENTS

はじめに

PROLOGUE　財産法の全体像

1　財産法の見取り図　　　　　　　　　　　　　　10
2　民法改正の全体像　　　　　　　　　　　　　　12
Column　民法の構造　　　　　　　　　　　　　　16

PART 1　総　則

1　民法の基本原則　　　　　　　　　　　　　　　18
2　権利能力・意思能力・行為能力　　　　　　　　20
3　制限行為能力者制度　　　　　　　　　　　　　22
4　法人とは何か　　　　　　　　　　　　　　　　24
5　法人の能力　　　　　　　　　　　　　　　　　26
6　物　　　　　　　　　　　　　　　　　　　　　28
7　法律行為　　　　　　　　　　　　　　　　　　30
8　意思表示　　　　　　　　　　　　　　　　　　32
9　心裡留保・虚偽表示　　　　　　　　　　　　　34
10　錯誤による意思表示　　　　　　　　　　　　　36
11　詐欺・強迫による意思表示　　　　　　　　　　40
12　代理　　　　　　　　　　　　　　　　　　　　44
13　無権代理と表見代理　　　　　　　　　　　　　48
14　無効・取消　　　　　　　　　　　　　　　　　52
15　条件・期限　　　　　　　　　　　　　　　　　56

16	時効の完成と完成猶予	58
17	消滅時効及び時効期間の変更	62
Column	意思表示の効力発生と受領能力	66

PART 2　物　権

1	物権と債権	68
2	物権法定主義	70
3	物権の効力	72
4	物権変動	74
5	不動産の二重譲渡	76
6	物権変動における「第三者」	78
7	動産の物権変動	80
8	即時取得	82
9	占有訴権	84
10	担保	86
11	担保物権の性質	88
12	留置権と先取特権	90
13	質権	92
14	抵当権	94
15	抵当権と用益権との関係	96
16	根抵当権	98
17	非典型担保	100
Column	共同所有と区分所有	102

PART 3　債権総論

1	債権と債務の関係	104
2	履行請求権と債権の効力	108
3	原始的不能	110
4	法定利率の変動制と中間利息控除	112
5	受領遅滞	114
6	債務不履行	116
7	債務不履行と損害賠償請求	118
8	損害賠償の範囲や過失割合	120
9	責任財産の保全	122
10	債権者代位権の要件や行使方法	124
11	詐害行為取消権の要件等	126
12	詐害行為取消権の行使等	130
13	多数当事者の債権債務	132
14	連帯債権・連帯債務・不可分債権・不可分債務	134
15	多数当事者の求償関係・通知義務	138
16	保証	140
17	連帯保証	144
18	個人保証の制限	146
19	情報提供義務	148
20	根保証	150
21	債権譲渡と譲渡制限特約	152
22	将来債権の譲渡、対抗要件	156
23	債権譲渡と相殺	158

24	債務引受	160
25	弁済	164
26	弁済の方法	168
27	弁済による代位	172
28	法定代位者相互の関係	174
29	相殺	178
30	相殺の要件と効果	180
Column	更改契約に関する法改正	184

PART 4　債権各論

1	契約自由の原則	186
2	契約の成立時期	188
3	同時履行の抗弁権	190
4	危険負担	192
5	第三者のためにする契約	196
6	解除	198
7	定型約款	202
8	贈与	206
9	売買契約の効力と手付	208
10	売主の契約不適合責任①	210
11	売主の契約不適合責任②	212
12	売主の契約不適合責任③	216
13	消費貸借	220
14	使用貸借	222

15	賃貸借の成立、短期賃貸借、期間等	224
16	対抗力、賃貸人たる地位の移転、妨害排除請求等	228
17	敷金	230
18	転貸、賃借権の譲渡	232
19	賃貸借の終了	234
20	請負	236
21	委任	240
22	寄託	242
Column	契約法に関するその他の改正ポイント	244

PART 5　事務管理・不当利得・不法行為

1	事務管理	246
2	不当利得	248
3	不法行為の意義	250
4	民法上の特殊な不法行為	252

PROLOGUE

財産法の全体像

PROLOGUE 1

財産法の全体像

財産法の見取り図

財産法は契約関係にあるか否かにより２つに分類される

■ 民法が想定する法律関係のモデル

　民法は、社会生活の中で生じた利害の調整を目的とする法律ですので、その規定の多くは、財産についてです。このような財産関係についての民法の規定をとくに財産法と呼んでいます。

　財産法は、私たちの社会生活を非常にシンプルな形でとらえて、利害の調整を図ろうとしています。まず、ある人（A）とある人（B）がいろいろと相談をしながら、ある種の約束関係に入った場合を考えてみましょう。このAとBを当事者とか、法律関係の主体といいます。民法ではこの人と人との約束関係を契約関係ととらえています。また、A、Bは契約関係を通じて、お互いに持っている財産を交換しようとするかもしれません。

　すると、A、Bが持っている物に対する関係も考える必要がでてきます。民法ではこの関係を所有関係ととらえています。さらに、A、Bが所有している物に第三者Cが、何らかの迷惑を及ぼすことがあります。これがA、Bと侵害者Cとの関係（侵害関係）です。

　財産法では、主に以上の３つのすべての関係を権利とその裏返しとしての義務という形で表現しています。つまり、民法は私たちの社会生活を権利・義務に置き直してとらえようとしているわけです。

■ 財産法の構造

　契約を結べば相手に約束したことを守らせる権利が生じます。このように特定の人に対する権利を債権と呼んでいます。債権

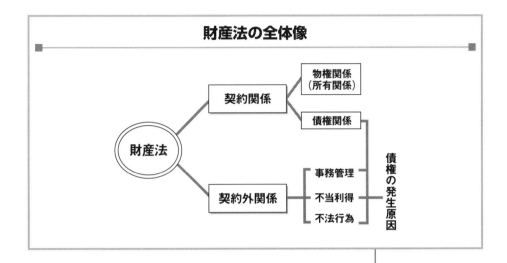

に対応する相手方の義務を債務といいます。この債権債務に関する規定が、民法の「第3編　債権編」です。

また、契約関係にない人（加害者）が故意・過失により被害者の権利を害した場合、こうした加害者の行為を不法行為といいます。民法は、契約以外の理由で債権債務が発生する場合として事務管理・不当利得・不法行為について同じように債権編に規定しています。

一方、債権は人に対する権利としてとらえるのに対し、所有関係は人の物に対する権利としてとらえます。これを民法では物権と呼んでいます。その中で最も基本的な物権が所有権です。所有権は物を完全に支配することのできる権利です。

ところで、人の物に対する関係は所有権だけではとらえきれません。物を利用するだけとか、物を処分してその対価を得るだけというように、所有権の一部だけを内容とする物権を考えることが必要になってきます。物を利用する物権を用益物権、物を利用せずにその価値だけを把握する物権を担保物権といい、両方あわせて制限物権と呼びます。民法は、これらの物権を「第2編　物権」に規定しています。

契約以外の債権発生の例

たとえば、交通事故が起きたとする。この場合、被害者と加害者はもともと契約関係にあったわけではないが、被害者は加害者に対して、損害賠償請求権という債権を持つことになる。

PROLOGUE 2 民法改正の全体像

財産法の全体像

社会情勢の変化に対応し国民にわかりやすい民法をめざす

■ なぜ民法改正が行われたのか

　現在わが国で施行されている民法は、明治29年（1896年）年に制定された法律です。つまり施行されてから、実に120年以上もの年月が経過しているのです。さらに驚くべきなのは、昭和22年（1947年）に全面改正された家族法（親族・相続）を除き、その規定の多くが、施行当時のまま今日に至っているということです。平成16年（2008年）には現代語化という大改正を経ましたが、その際は抜本的な改正には至らず、多くの規定が明治時代に制定された内容のまま今日に至っています。

　平成29年6月に、債権編を中心に民法が改正された目的は、大きく分けて2つ挙げられます。まず、1点目の目的は、社会・経済の変化に対応することです。これまでは、明治時代に作られた法律を解釈によって運用してきました。

　しかし、情報通信手段の発達など急速に変化する社会構造の中で、改正前の民法の限界が強く実感され、改正を求める声が多くなったという事情があります。

　たとえば、改正前の民法は、売買契約の規定において、対面する個人間で行われる取引を念頭に置いて規定を設けています。

　しかし、インターネットが普及した現代においては、売買契約に関しても、売主と買主が面と向かった形で契約を結ぶ必要はなく、ともすれば売主と買主とが全く面識がなくても、インターネットを通じて契約に必要な行為をすべて完了させることができます。この場合、契約の成立時点をはじめ、民法が定める契約に関するルールをそのまま適用すると、不都合が生じる

民法改正の目的

民法典 基本的に明治に制定された条文が現在でも用いられている

↓

インターネットの普及等、制定当時に想定していなかった事柄に対応できなくなってきており、様々な不都合が生じるようになってきた

改正の目的
① **社会・経済の変化への対応**
　⇒ 現代社会において生じる様々な問題に対応できるよう条文を整備する
② **国民にとってわかりやすい民法をめざす**
　⇒ 判例等の解釈を条文に明記してとり入れる

ことがあります。このように、現代社会において生じる様々な問題に適切に対応するために、民法の改正が必要になったのです。

そして、民法改正の目的の2点目は、国民一般にわかりやすい民法をめざすということです。改正前の民法が明治時代に制定されたことも影響して、これまでも条文の規定をそのまま適用してきたわけではありません。たとえば、条文にある言葉を解釈して、条文には明確にされていない意味を加えて、取引などに適用することもあります。

また、判例によって条文の解釈指針が示されることもあり、判例が条文に意味を付け足す形で運用されることが少なくありませんでした。しかし、そのような解釈は条文には明記されていないので、一般の国民にはわかりにくいものになっていました。そこで、判例などの解釈の内容を民法の条文に反映して、国民にとってよりわかりやすい民法が求められていました。

■ 何が変わったのか

改正は民法全編に及ぶものではありません。今回の民法改正には、主に社会や経済状況の変化に対応させるという目的があり、とくに取引等に関する規定においてこの必要性は顕著に見

判例
最高裁判所の裁判の先例のこと。

られます。そこで、今回の改正は、債権編の改正に主眼が置かれており、同編は債権に関する規定ですので、債権法改正とも呼ばれています。その他、意思表示や消滅時効などの債権に関係する「第一編　総則編」の改正も同時に行われています。以下では、この債権法改正の主要なポイントを見ていきましょう。

① 保証人の保護

　たとえば、個人や中小企業が金銭を借り入れようと考えた場合、多くの場合で保証人が要求される場合がほとんどです。しかし、改正前の民法では、保証人の保護に関するルールに乏しく、保証人が必要以上に保証契約に縛り付けられることが少なくありませんでした。そこで、改正後は、過度に負担が重い保証契約から保証人を解放するための制度や、本当に保証人となる意思があるかどうかを確認するための制度などが整えられることになりました。

② 消滅時効に関する改正

　債権については、行使しなければ消滅するまでの期間（消滅時効の期間）が定められています。しかし、債権の性質によって、消滅時効の期間は異なり、一般国民にとって、いかなる期間のうちに権利を行使しなければならないのかが明確ではありませんでした。そこで、改正後は、原則として消滅時効の期間が統一され、わかりやすい法制度が採用されることになりました。

③ 定型約款に関する改正

　一般国民が消費者として、とくに企業と契約を結ぶ場合、企業が細かな契約条件等をあらかじめ提示していて、一括して消費者がこれに同意することで契約が成立する、という方式を採用しているケースが様々な場面で見られます。これを定型契約といい、示される条件等を定型契約約款と呼びます。

　しかし、知識等の情報の面で勝る企業に対して、消費者である一般国民は十分に判断して、契約に臨むことは困難で、後にトラブルに発展することが多く報告されています。しかし、改

主要な民法改正に関する事項

- **保証人を保護する制度が導入される**
  → 過度な負担から保証人を解放、公正証書で保証意思を確認など
- **消滅時効の期間が原則として統一される**
  → 民事・商事を問わず権利を行使できる時から5年が原則
- **定型約款に関する制度が新設される**
  → 約款のスタンダードな形態を「定型約款」と定義づける
- **法定利率の引き下げ・目的物の欠陥の取扱いなど**
  → 民法改正時は年3％、契約不適合責任の導入など

正前の民法では、約款についての明文規定が存在しませんでした。そこで、改正後は、約款のスタンダードな形態を「定型約款」と名づけて、定型約款の成立要件、変更が可能な場合などを定めるなど、約款に関するトラブルを解消するための改正が行われることになりました。

④ その他

以上の他、法定利率を統一的に引き下げ、3年ごとの変動制を採用することや、契約の解除や契約の目的物に欠陥（瑕疵）があった場合の取扱いなどについても重要な法改正が行われることになりました。

■ 改正法の施行時期

債権法改正は国会で可決・成立し、平成29年6月に公布されました。原則として公布から3年以内に施行されることになっていますので、平成31年後半から平成32年前半の施行が予想されます。なお、成年年齢を20歳から18歳に引き下げる旨の改正案は、今回の債権法改正に含まれていません。また、「第五編 相続編」に関する改正（相続法改正）が検討されています。

相続法改正

相続法改正では、配偶者の居住権確保、自筆証書遺言の要件緩和、遺留分算定方法の見直しなどの改正が検討されている。

Column

民法の構造

　民法は、1044条もの規定がある大きな法律です。民法全体は5つの編に分けられています。このうち、「第2編　物権」と「第3編　債権」が主に財産法にあたり、「第4編　親族」と「第5編　相続」が家族法にあたります。そして、これらすべてに共通する規定として、「第1編　総則」が置かれています。ここには、取引の中心となるもの（権利の主体）についての規定や、どのような取引でも問題とされるような規定が含まれています。総則の規定は、実際にはほとんどの場合が財産法で問題となり、家族法について総則の規定が問題となることはあまり多くありません。

　もっとも、私たちの生活は財産の関係ばかりではありません。家族や親戚という一定の範囲の人々と特別の関係を結んで暮らしています。民法は、私たちの日常生活について規律している法律ですから、その中には、家族や親戚などの人間関係についての規定も含まれています。このような規定を家族法と呼んでいます。

　家族法には、結婚（民法では「婚姻」といいます）や離婚についての規定や、親子関係についての規定、ある人が死んだときに残された財産の処理についての相続に関する規定などが含まれています。

民法の全体像………………………………………………………

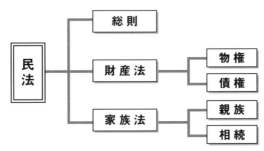

PART 1

総　則

民法の基本原則

PART1-1　総則

民法は3大原則に基づいて規定が作られている

■ 民法の基本原則

民法は、3つの大切な考え方に基づいて規定が作られています。それは、所有権絶対の原則・私的自治の原則・過失責任の原則と呼ばれるものです。

所有権絶対の原則とは、所有権は何らの制約を受けない完全な支配権であるということです。つまり、ある物の持ち主はそれを煮て食おうと焼いて食おうと自由ですし、誰にもそれは邪魔されないのです。

また、私的自治の原則とは、当事者の自由意思によって私的な法律関係を自由に形成できることをいいます。取引関係に立つ人は、自分の行う取引については自由に自分の考えどおりに行えるということです。この私的自治の原則から派生して生まれてきた考え方が、契約自由の原則です。

そして、過失責任の原則とは、自分に落ち度（過失）がなければ責任を負わないというものです。主に過失責任は不法行為等の場合に問題になります。しかし、過失責任の原則を完全に貫いてしまうと、被害者の救済が不十分になってしまう場合もあります。そこで民法は、例外的に過失の有無を問わずに、責任を負う場合を規定しています（無過失責任）。

■ 民法1条には何が書いてある

民法1条には、民法全体にあてはまる基本理念が定められています。公共の福祉・信義誠実の原則・権利濫用の禁止がそうです。

無過失責任
損害が発生したことについて故意・過失がない場合にも損害賠償責任を負うこと。過失がなくても損害賠償責任を負わせるという考え方のことを無過失責任主義という。

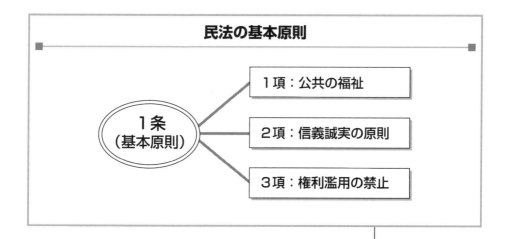

　無人島で1人で暮らすのなら別ですが、そうでない限り私たちは、社会的な共同生活の利益に反して生活することは許されないでしょう。社会的な共同生活の利益を公共の福祉といいます。私たちの生活も公共の福祉に反するわけにはいきません。

　また、自分と関わりをもつ人の信頼を裏切ることのないように、誠意をもって行動することも大切なことです。民法はこのことを「信義に従い誠実に」といっています。これは信義誠実の原則（信義則）と呼ばれています。信義則は、民法の個々の条文をそのまま適用したのでは不当な結果が生じてるような場合に、弾力的な解決ができるように、様々な形で適用されます。

　ところで、自分に権利があるからといって、何をやっても許されると考える人はいないでしょう。自分に権利があることをいいことに、その権利の行使が相手を困らせることだけを目的とする場合はもちろんですが、本人には悪気はなかったとしても、権利を行使することで得られる権利者個人の利益と、相手方や社会全体に及ぼす害悪とを比べた結果、その権利の行使が権利濫用とされ、許されない場合もあります。

権利濫用の禁止

たとえば、自分の土地に他人の物があるとしても、土地の侵害の程度が軽微で所有者の土地利用に影響がないのに対し、物の撤去に莫大な費用がかかる場合に所有権に基づく妨害排除請求をすることは権利濫用にあたると考えられる。

PART1 2 権利能力・意思能力・行為能力

総則

有効に法律行為を行うために備えていなければならない資格や能力

■ 人と権利能力

「私法上の権利義務の主体となり得る資格」を権利能力といいます。権利能力がなければ、他人と契約を結ぶことも、財産を所有することもできません。つまり、民法の世界では独立した主体にはなれないということです。

権利能力をもつことができるのは人と法人（たとえば会社など）に限られます。ここでいう人とは、私たち生身の人間（自然人といいます）のことです。法人は人間以外のもので、法律によって権利能力を承認されたものです。ですから、法律上「人」という場合には、自然人と法人をさすことになります。

■ 胎児の権利能力

人間は出生と同時に権利能力を取得し、死亡することによって喪失します。胎児は、まだ生まれていませんから原則として権利能力はありません。しかし、これを貫くと、母親のおなかの中にいるうちに父親が死亡したような場合には、わずかな期間の違いで相続ができないなど、胎児にとってかわいそうな事態が生じます。そこで民法は、損害賠償請求・相続・遺贈の場合には、胎児を「すでに生まれたもの」とみなしています。

■ 意思能力

権利能力があることと、実際に法律上の行為をして権利を取得し、義務を負担するというのは別問題です。権利能力は、民法の世界への参加資格のようなものです。実際に活動するには、

失踪宣告

生死不明の状態が一定期間以上続く人がいる場合に、利害関係者の請求により、家庭裁判所が出す宣告。これにより被宣告者は死亡したとみなされる。民法は失踪宣告を普通失踪と特別失踪（危難失踪）に分けており、両者は生死不明期間が異なる。普通失踪では7年間、船舶の沈没などの危難による特別失踪では、危難が去ってから1年間、生死が不明な場合に、宣告を出すことができる（民法30条）。

同時死亡の推定

「複数の者が死亡したが、死亡の前後が不明の場合は、同時に死亡したものと推定する」とされている（民法32条の2）。これを「同時死亡の推定」という。同時に死亡したと推定された場合、それらの者の間では、相続は生じない。たとえば、親子が同時に死亡したと推定された場合、死亡した親の財産を死亡した子が相続することはない。ただし、推定されるだけなので、生存者の証言などで同時死亡でないことが判明すれば、推定はくつがえる。

権利能力・意思能力・行為能力の比較

能　力	定　義	能力者と制限	制限能力者の行為の効果
権利能力	私法上の権利の取得や義務の負担が可能になる能力	自然人だけでなく法人にも認められる	本人に権利・義務が帰属しない
意思能力	自分の行為の結果を理解し、判断することのできる能力	具体的な行為ごとに判断する	無効
行為能力	単独で有効な法律行為を行うことのできる能力	行為能力が不十分な人を制限行為能力者として定型化	取り消すことができる

自分の行為の結果を理解し、判断できる能力が必要です。伝統的には、7歳から10歳程度の人の精神能力があれば、意思能力があると認められると考えられています。これを意思能力といいます。すべての個人は、原則として自己の意思に基づくことによってだけ、権利を取得し、義務を負うことになります。意思能力のない人の行為は、その人の意思に基づく行為とはいえませんから（意思無能力）、何の効力もありません。

■ 行為能力

世の中はなかなか複雑でやっかいなものです。いい人ばかりがいるとは限りません。ある行為が自分にとって有利か不利かということを、ある程度判断できないと、悪い人に食い物にされかねませんので、民法は、判断能力が不十分な人を保護する制度を用意しています。そうした保護を受けなくても、単独で完全に有効な行為をすることができる法律上の地位や資格を行為能力といいます。民法上で単に能力という場合は、この行為能力をさすことが多いようです。

> **意思無能力の条文化**
> 民法改正によって「法律行為の当事者が意思表示をした時に意思能力を有しなかったときは、その法律行為は、無効とする」（3条の2）ことが条文化された。

制限行為能力者制度

単独で有効な法律行為を行うことができない者を保護するための制度

■ 制限行為能力者制度

　判断能力が不十分なために、単独では完全に有効な行為を行うことができないとされている人を制限行為能力者といいます。行為能力が制限されている人という意味です。民法は、これらの人の行為能力を制限する一方で、それぞれにふさわしい保護者をつけて、制限行為能力者が損害を受けないようにし、本人の権利が守られるような配慮をしています。

　たとえば、幼児は母親に頼まれたおつかいくらいはできるでしょうが、不動産取引などはできるはずもありません。大人であっても、「簡単な日常の買い物程度なら大丈夫だけど、複雑な取引はちょっと…」という人もいます。

　また、取引の相手となる人も親切な人ばかりとは限りません。判断能力が不十分な人は、下手をすれば取引のカモにされてしまうかもしれません。

　そこで、民法は、制限行為能力者が取引行為を行うには、保護者のチェックを受けることを必要としたり、仮に取引行為を行ってしまっても、それが制限行為能力者に不利な内容のものであったら、後からその行為を取り消す（なかったことにする）ことができるようにしました。また、自分で取引をするのがムリな人であれば、誰か代わりの人（代理人）にやってもらうことができるようになっています。そのために、制限行為能力者の制度が設けられました。

　制限行為能力者の制度は、大きく分けて未成年者に対するものと、成人を対象とするものがあります。

制限行為能力者制度

判断能力が十分でない者
① 成年被後見人
② 被保佐人
③ 被補助人
④ 未成年者

ⓐ これらの者の行為能力を制限する
ⓑ これらの者に保護者をつけ、権限（同意権、代理権、取消権、追認権）を与える

■ 未成年者

20歳未満の者が未成年者です（4条）。未成年者が取引をするには、原則として、保護者である法定代理人（普通はその子の親）の同意を得ることが必要です（5条1項）。法定代理人の同意がない場合には、取り消すことができます（5条2項）。

■ 成年後見制度

成年後見制度は、主に成人の判断能力が不十分な人を保護するためのものです。成年後見制度は法定後見と任意後見に分類できます。任意後見は「任意後見契約に関する法律」に基づき、契約を締結して任意後見人を指定し、その職務内容を定めておく制度です。一方、民法が法律行為を単独で行うことが困難な者を分類して、適切な保護者を与える制度が法定後見です。法定後見は、精神上の障害によって判断能力をいつも欠く状態の成年被後見人（7条）、著しく不十分な被保佐人（11条）、判断能力が不十分な被補助人（15条）の3種類があります。

家庭裁判所の審判を経て、それぞれ保護者（成年後見人、保佐人、補助人）がつくことになります。保護者の権限の範囲が一番大きいのが、成年後見人で、以下、保佐人・補助人の順となります。

成年年齢の引き下げに関する民法の改正案

法務省は平成28年に成年年齢について、現在の20歳から18歳に引き下げる旨の民法の改正案の提出をめざす方針を発表した。しかし、平成29年の通常国会においては、成年年齢引き下げ後に成年になる者の消費者被害等について、議論が不十分であるという理由で、法案提出は見送られている。

PART1 4

総則

法人とは何か

自然人以外で法によって権利義務の主体として認められている

■ 法人とは何か

　人間の社会生活は、決して個人（自然人）だけで成立しているものではありません。家族から、大小様々な組織・団体、そして果ては国家まで、すべて社会の構成単位です。また、一定の非営利目的に捧げられた財産の集合も存在します。こうした実態を背景にして、法によって権利義務の主体と認められたものを法人といいます。

　人の集まり（社団）である団体に権利能力を与えた場合が社団法人、財産の集合（財団）に権利能力を与えた場合が財団法人です。社団法人や財団法人の例として、「一般社団・財団法人法」「公益法人認定法」という法律に基づいて設立される一般社団法人や一般財団法人、公益社団法人や公益財団法人があります。たとえば多数の人が集まって共同で事業を営んでいる団体で、その構成員の1人がギャンブルにのめり込み、多額の借金を作ったとしましょう。もしその団体の財産が、構成員個人の借金のために差し押さえられるとしたら、団体の財産がいくらあってもその団体との取引は危なくてできません。

　また、取引関係においても、団体の構成員全員がそろわなければ契約の締結すらできないとしたら、不便で仕方ないでしょう。

　そこで、団体が人間と同じように、自らの名において契約の当事者となり、構成員の財産とは独立した財産を所有し、自らの名において訴訟を提起できることを認めた方が便利ではないか、ということになります。

　法は、一定の条件を充たした団体や財産の集合に、法人格を

非営利目的
たとえば、学術振興や国際交流などを達成するための目的のこと。

会社は社団法人
株式会社などの「会社」は、会社法に基づいて法人格が与えられる社団法人である。

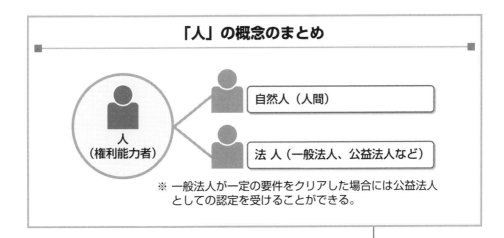

与えています。つまり法人とは、法がつくり出したフィクションとしての「人」ともいえるわけです。民法は、法人に関する基本的な事項について規定を置いています。

■ 法人を代表する機関

一般社団法人や一般財団法人が団体として機能していくためには、一定の組織を備え、一定のルールに沿って活動していくことが必要です。一般社団法人・一般財団法人の組織活動の根幹となる基本約款を定款といいます。

ただ、法人には自然人のように頭脳や手足があるわけではありません。ですから、現実には個人（自然人）が法人を代表して行動することになります。法人の意思決定をしたり、法人を代表（代理）する者を法人の機関といいます。

一般社団法人の機関は理事・監事・社員総会などが、一般財団法人の機関は理事・監事などが設置されます。理事は法人の代表者、その権限は原則として法人の業務すべてに及びます。社員総会は一般社団法人の最高意思決定機関です。

このように法人は、定款などの基本約款に従って機関が活動することにより独立の主体として社会に登場してくるわけです。

> **権利能力のない社団・財団**
>
> 法人格を取得していないが、一定の人の集まり（社団）、財産の管理機構（財団）としての実体を備えている団体。例としては、町内会、PTA、趣味の同好会、同窓会などがあり、多数決原理が働き、構成員が入れ替わっても団体として存続するなどの要件を満たすものをいう。権利能力のない社団・財団のうち、代表者あるいは管理人の定めがあるものは、訴訟当事者となることもできる。不動産登記の当事者になることはできない。権利能力のない社団・財団の財産は構成員の総有であるとされ、構成員に持分権はない。

法人の能力

PART1 5 総則

法人は法令等やその目的の範囲で活動を行うことができる

■ 法人の目的の範囲とは

　法人は法によって権利能力を与えられている存在です。法人の権利能力の範囲は、法令によって制限を受け、基本約款（定款や寄附行為）に定められている「目的の範囲内」に制限されます（34条）。自然人の権利能力の範囲は限定されませんが、法人は基本約款に定められた目的を実現するために活動する存在ですから、目的を達成する範囲内で権利能力を認めれば十分ともいえます。

　しかし、この立場を貫いて基本約款に記載されていない行為はすべて目的の範囲外とすると、法人は広い範囲で活動していますから、様々な不都合がでてきます。たとえば、理事による取引行為が法人の「目的の範囲内」に含まれないとすると、その取引行為の効果は法人に帰属せず、理事個人の行為とされます。そうなると、法人の信用と潤沢な資産を信頼して法人と取引を行った相手方は、不測の損害を被ることになります。

　そこで「目的の範囲内」を広く解釈して、取引行為の相手方を保護しようとするのが判例の考え方です。つまり、法人の「目的の範囲内」の行為には、定款や寄附行為に目的として記載されている事業自体に属する行為だけに限らず、その目的を遂行するのに必要な行為も含まれると解釈します。そして、目的の遂行に必要な行為であるかどうかは、問題となっている行為を定款や寄附行為の記載自体から第三者的に観察して、客観的・抽象的に判断すべきであると考えます。

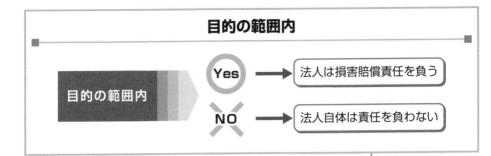

■ 法人の不法行為責任

　法人の行為は「目的の範囲内」に限定されているため、理論的には他人に損害を与えることはありえません。構成員が他人に損害を与えるのは目的外の行為で、理論的には法人に帰属しないからです。しかし、法人が実際に活動する過程では、他人に損害を与える（不法行為を行う）こともありえます。そこで理事（法人の代表機関）がその職務を行う過程で他人に損害を与えた場合には、法人がその賠償責任を負うと規定しています（一般社団・財団法人法78条・197条）。

　なお、法人が責任を負う場合には、理事個人もあわせて責任を負うというのが判例です。法人の不法行為責任が肯定される場合には、その要件である理事自身の行為に関しても、民法上の不法行為の成立要件を満たしていることが通常であるためです。

　法人にこのような責任が認められるのは、法人はその構成員の活動によって、事業目的を遂行することができているので、構成員の活動の過程で生じた不法行為については責任を負うべきだという考え（報償責任の原理）に基づいているからです。

　なお、理事が不法行為を行った場合だけでなく、被用者（法人に雇われている労働者）が事業の執行について不法行為を行った場合も、使用者（法人）が損害賠償責任を負うと規定しています（使用者責任、715条）。一般社団・財団法人法78条・197条ともに、報償責任の原理に基づく規定です。

> **不法行為**
> 故意または過失によって他人に損害を与えた場合に、その損害を賠償させる制度（民法709条）。発生した損害の塡補（埋め合わせ）や損害の公平な分担の実現をめざすものである。

> **報償責任の原理**
> ある事実により利益を得ている者が損失も被るべきだとする考え方。不法行為に基づく損害賠償責任において、過失の立証責任を加害者側に転換することを認める根拠になる考え方である。

PART1 6 物

総則

不動産と動産に区別される

■ 不動産以外の物は動産

人が権利の主体だとすれば、物は権利の客体です。民法は「物」とは有体物（形のある物）をいうと規定しています（85条）。有体物とは、物理的に五感により認識できる物質ですので、原則として固体・液体・気体をさします。権利の客体である以上、排他的に支配できるものでなければならず、物理的に認識できる有体物が「物」に含まれるのは当然といえます。よって、電気・熱等のエネルギー、データ等の情報は、取引対象となることはあっても、民法上の「物」には原則として含まれません。

物の分類で重要なのは、不動産と動産の区別です（86条）。

① **不動産**

土地と土地の定着物が不動産です。定着物とは、土地に継続的に固定されて使用されるもの（建物、立木など）をいいます。

② **動産**

不動産以外の物はすべて動産です。改正前は無記名債権（無記名証券）を動産に含めていましたが、改正後は有価証券に含めているので、動産に含まれない点に注意が必要です。

■ 主物とともに処分される従物

独立の物でありながら、客観的・経済的には他の物（主物）に従属してその効用を助けるものを従物といいます。判例が従物とした物として、建物の造作等、増築した茶の間、庭に置かれた取り外し可能な石灯籠などがあります。従物は主物の処

無記名債権（無記名証券）

券面上に権利者の名前がないもの。商品券や切符等があてはまる。

従物と類似の概念

従物との区別に関して注意すべき概念として、付合物がある。民法上では「不動産に従としてこれに付合した物」と規定されており、主に土地の構成部分や建物・立木以外の取り外し困難となった不動産の定着物をさす。なお、従物と付合物とを合わせて、付加一体物と呼んでいる。

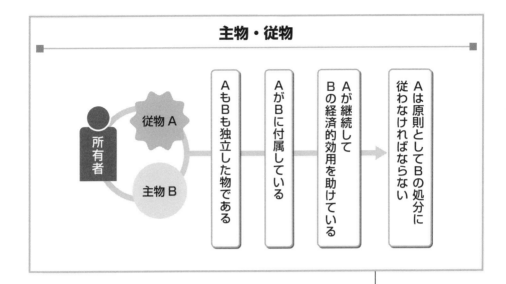

主物・従物

- AもBも独立した物である
- AがBに付属している
- Aが継続してBの経済的効用を助けている
- Aは原則としてBの処分に従わなければならない

分に従わなければなりません。ただ、従物は主物から独立した物なので、主物の処分時に従物を除外することもできます。

■ 天然果実と法定果実

物の用法に従い、かつ物の本体を害することなく産出される経済的収益を果実といい、果実を生ずる物を元物といいます。果実とはいっても果物だけではありません。もっと広い意味がありますから注意しましょう。

① 天然果実

物の用法に従って収穫したり、収取したりする産出物が天然果実です。果物はもちろん、飼い犬の子ども、牛乳、畑の野菜などがこれにあたります。

② 法定果実

法定果実とは、物を使用させた対価として受け取る金銭その他の物です。不動産を賃貸する場合の賃料（地代・家賃）がその代表です。利息も法定果実として扱われます。

造作

建物の内部を構成する部分品や設備のこと。部分品の例としては、畳や建具が挙げられる。また、設備の例としては、空調設備やシステムキッチン・システムバスなどが該当する。

PART1 7 法律行為

総則

法律上の効果を発生・変更・消滅させることをめざして行われる行為

■ 法律行為とは何か

　法律行為とは、人がある法律効果を発生させたいという意思を表示したら、法律がその実現を手助けしてくれる行為のことをいいます。法律効果とは、その人が達成しようとした目的（車を購入する目的など）をさすと考えてかまいません。法律行為は契約、単独行為、合同行為に分類されます。

　ある人が車を欲しいとしましょう。車を自分の物にするという目的を達成するためには、誰かから「買う」わけです。そのときには、「この車を10万円でください」と相手に伝えます。これが意思表示です。相手（売主）も「10万円で売りましょう」と応えます。これも意思表示といえます。表現は違いますが、この2つの意思表示は、結局は「この車と10万円のお金を引換えにしよう」というのと同じ内容です。これを「意思の合致」といいます。これで売買契約という法律行為ができあがりました。

　契約の他にも法律行為はありますが、法律行為全般に共通するのは意思表示です。つまり、法律行為は意思表示を不可欠な要素とする行為です。そこで、民法は、法律行為の章の中に意思表示についての規定を置いているのです（93条～98条の2）。

■ 法律行為の社会的妥当性

　法律行為は、原則として、当事者の意図したとおりの効力が認められます。これを法律行為自由の原則といいます。法律行為の中では契約が最も重要なので、契約自由の原則といっても

> **単独行為と合同行為**
> 単独行為とは、遺言や解除のように、単独の者による一方的な意思表示によって完成する法律行為をいう。合同行為とは、組合の設立行為など、複数の者の意思表示が共通の目的を持って、同一方向に集合している法律行為をさす。

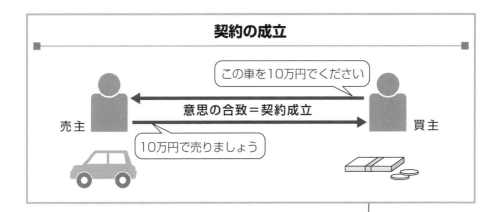

いいでしょう。ただ、これにも限界はあります。社会生活上の目的から見て好ましくない法律行為には、法は効力を与えていません。これを無効といいます。

① 強行規定

契約自由の原則によれば、当事者は法律の規定と異なる契約をしてもよいのが原則となります。この場合の法律の規定を任意規定といいます。民法の規定は、その多くが任意規定であると言われていますが、公の秩序に関する規定は、個人の意思によって左右することは許されません。このような規定を強行規定といいます。

② 公序良俗

公の秩序または善良な風俗に反する事項を目的とする法律行為は無効とされます（90条）。法律行為の内容が国家・社会の一般的利益や社会の倫理に反する場合には、法は助けてくれません。当事者の目的を達成することにも、さらには関係の後始末にも法律は手を貸さないのです。たとえば、殺人を依頼する契約のような刑法に違反する犯罪行為が含まれることはもちろんですが、愛人契約等のように、直接的には法律に違反していないものの、健全な社会秩序を乱す恐れがある法律行為についても、公序良俗に違反する無効な行為と扱われます。

> **物権は強行規定が多い**
> 物権法定主義（70ページ）より当事者の特約で物権を創設できないなど、物権に関する規定は強行規定が多い。

PART1 8 意思表示

総則

法律関係の変動を望む意思を外部に表示する行為をいう

■ 意思表示とは

　意思表示は、法律行為の中核となるものです。ある法律効果の発生を望み、そのことを相手に伝える行為をいいます。一見難しそうですが、私たちが日常的に行っていることです。お店で、「あれください」と言えば、それは売買の申込みの意思表示です。そして、店員が「はい、どうぞ」と言えば、承諾の意思表示であるわけです。私的自治の原則という大原則により、人は、原則として自由に自らの望む法律効果の発生を実現させることができます。法律関係の変動をめざして行われる法律行為には、いわばスタートともいえる有効な意思表示が存在することが大前提になります。

■ 心と言葉のはざまで

　ところで、私的自治の原則の下では、本人の意思が尊重されます。それを貫けば、本人の心の中の効果意思（内心的効果意思）を尊重するのが筋でしょう。しかし、一方で意思表示はコミュニケーションですから、相手に意思が伝わらなければ意味がありません。表示行為から推測される表示意思（表示上の効果意思）が、内心的効果意思と一致していれば問題はありませんが、それが食い違った場合には、どうすればよいでしょうか。
　この場合には、内心的効果意思を優先する立場（意思主義）と、表示上の効果意思を優先する立場（表示主義）とがありえます。民法は原則として意思主義の立場をとっています。
　意思主義によれば、内心的効果意思が不存在（欠缺）の場合

意思表示の要素

意思表示の要素として、形成される過程に従って、①動機の形成、②内心的効果意思の形成、③表示上の効果意思、④表示行為という要素が挙げられる。相手方等に伝えられる、客観的に外部から認識可能であるのは、表示行為である。もっとも、当事者がある法律効果の発生を望んで法律行為に及んでいることを重視すると、内心的効果意思が重要であるということができる。

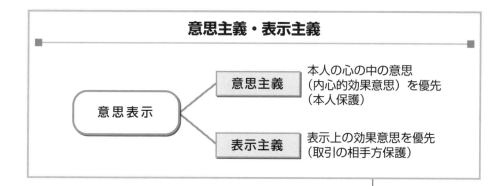

や、何らかの理由で表示上の効果意思または表示行為と内心的効果意思とが食い違う場合には、意思表示としては無効という結論になります。

しかし、それでは日常頻繁に行われている取引が混乱してしまいます。そこで、むしろ表示を信頼した者を保護することが重要ではないのか、ということになってきました。民法にも、表示を信頼した者を保護する規定がいくつかあります。

■ 表示を信頼した者を保護する規定

民法94条1項は虚偽表示に基づく意思表示を無効としています。お互い通じてウソをついているのですから、無効にしても問題がないからです。つまり意思主義の立場から、実体を持たない意思表示を無効にする趣旨です。

しかし、ウソの意思表示を真実だと思って新しく他の人が関与してきた場合には無効にしてしまうと問題が生じます。

そこで、民法94条2項は「前項の規定による意思表示の無効は、善意の第三者に対抗することができない」と規定し、虚偽表示という外観を信頼して（虚偽表示の事実を知らずに）取引関係に加わった第三者を保護しています。民法94条2項は、表示主義の立場から表示を信頼した者を保護する代表的な規定ということができます。

効果意思
一定の法律効果を発生させようとする意思のことをいう。

心裡留保・虚偽表示

PART1 9
総則

意思表示が無効になる場合がある

■ 心裡留保はウソつきのはじまり

意思表示をする者（表意者）自身が、真意でないことを知りながら意思表示をすることを心裡留保といいます（93条）。たとえば、冗談や明らかと思われる戯言が例として挙げられます。心裡留保について民法は、意思と表示とが食い違っていることを表意者自身が知っているため、表示どおりの効果を認める（意思表示は有効である）としています。これは表示主義（32ページ）を採用したものです。しかし、表意者が真意でないのを相手方が知っていた場合（悪意）、または少し注意すれば知ることができた（過失がある）場合には、相手方を保護する必要がないため、その場合は意思表示が無効となります。

■ 2人でつくウソが虚偽表示

相手方と示し合わせて真意でない意思表示をすることを虚偽表示（通謀虚偽表示）といいます（94条）。当事者間には表示どおりの意思がないので、虚偽表示は無効です。たとえば、Aが不動産の差押えを受ける可能性がある場合に、これを回避するために不動産をBに売ったことにする場合が挙げられます。これは意思主義を採用したものです。ただ、後に示し合わせた相手方（B）が裏切って他人に不動産を売却したときは、Bとの取引行為に関与した者を保護すべき場合が生じます。

つまり、当事者間（AB間）の虚偽表示の事実を知らずに（善意）、相手方（B）と取引行為をした第三者（C）に対して、当事者は虚偽表示による無効を主張できなくなります（94条2

身分行為には適用されない

婚姻や養子縁組など親族法・相続法に関わる行為（身分行為）については、当事者が真意で行うのが重視されるため、心裡留保に関する規定は適用されない。

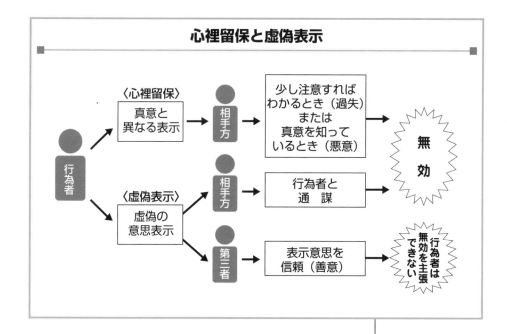

項)。よって、善意のCからの不動産の引渡し請求をAは拒否できません。これは表示主義の立場から、表示を信頼した第三者を保護するもので(32ページ)、外観法理とも呼ばれます。

しかし、Cが悪意(虚偽表示の事実を知っていた)ときは、AはCに対して虚偽表示による無効を主張できます。このときは、悪意のCからの不動産の引渡し請求をAは拒否できます。

ただし判例によると、悪意のCが不動産をD(転得者)に売却した場合は、DがAB間の虚偽表示の事実を知らない(善意)ときに、Dに対して虚偽表示の無効を主張できなくなります。外観を信頼して取引したDを保護すべきだからです。

また、善意のCがDに不動産を売却した場合は、Dの善意または悪意に関係なく、Dに対して虚偽表示の無効を主張できなくなります。善意のCが確定的に不動産を取得しているので、その後の取得者の主観的事情は問題としないと考えているのです。

外観法理

虚偽の外観(他人が権利者であると勘違いする状況)を真の権利者が作り出したときは、その外観を信頼した者を保護すべきとする原則。表見法理・権利外観法理ともいう。虚偽表示の第三者保護規定や表見代理の規定は、外観法理が表れた規定といえる。

錯誤による意思表示

PART1
10

総則

「勘違い」により行った意思表示を取り消すことができる場合がある

■ 錯誤が問題となる場合

　たとえば、B所有の甲土地の購入を検討しているAがいるとしましょう。もし、Aが甲土地を購入する際に、数年後に甲土地の近所に駅が設置されるとの話を聞いたので、交通の便が良くなり地価が高騰すると予想し、甲土地の上にマンションを建てて賃料収入を得ることを目的にしていたとします。

　しかし、実際には、甲土地の近所に駅が設置される話は一切なく、Aの勘違いでした。この場合、「駅ができる話がなければ、甲土地を購入しなかった」という理由で、AはBに対して甲土地の売買契約をなかったことにしたいと主張することが許されるのでしょうか。Aは甲土地の購入を希望し、まさに甲土地を購入しているので、「甲土地を買いたい」という意思通りの契約が成立しています。しかし、「甲土地の近くに駅が設置される」という動機の部分に勘違いがあるため、契約をなかったものにしたいと考えているのです。

　表示と真意との食い違いに表意者が気づいていない場合を錯誤といいます。民法は改正前から、錯誤について表意者の意思を尊重する立場をとっていました。つまり、表示に対応する内心的効果意思が欠けている場合や、表示に誤りがある場合は、意思表示が無効になるとしていたのです。ただ、どんなささいな食い違いもすべて無効とするのは行きすぎです。そこで、法律行為の重要な部分（法律行為の要素）に錯誤があった場合にだけ、意思表示を無効としていました。

　また、うっかりしていた人にも非がありますから、表意者に

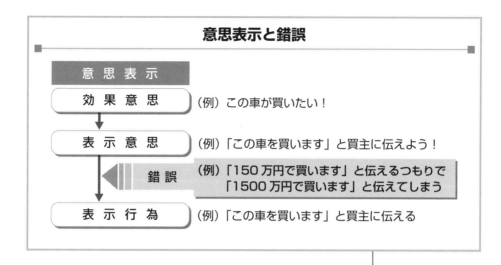

「重大な過失」(うっかりの度合いが大きいこと) がある場合は、無効を主張できないとしていました。

■ 動機の錯誤に関する扱い

改正前の民法は錯誤の具体的意味を明確にしておらず、前述のように表示と真意との食い違い、つまり意思表示の過程に勘違いがあることと解しています(意思表示の錯誤)。意思表示は「効果意思(内心的効果意思)→表示意思(表示上の効果意思)→表示行為」の過程をたどりますが、動機は効果意思を形成する原因(前提)であり、意思表示に含まれないため、動機の錯誤を理由とする無効を主張できないのが原則と解されています。

前述のケースでは、動機(甲土地の近くに駅が設置される)に勘違いがあるだけで、効果意思(甲土地を購入したい)、表示意思(甲土地を購入するとBに言いたい)、表示行為(甲土地を購入したいとBに言う)という意思表示の過程に勘違いはないため、Aは無効を主張できませんでした。動機の錯誤は効果意思の形成過程で生じた誤認にすぎず、意思表示の過程における勘違いとはいえないからです。

> **第三者保護のための規定**
>
> 改正法では、錯誤による意思表示の取消しは、「善意でかつ過失がない第三者に対抗することができない」と規定され、表意者が錯誤に陥って意思表示を行っていることにつき、過失なく知らずに、取引関係に入った第三者を保護する規定が用意されている。

しかし、動機を相手方に表示していた場合は、その動機が意思表示に取り込まれ、動機の錯誤による無効を主張できると判例が解釈してきました。前述のケースでは、Aが「甲土地の近くに駅が設置されるので甲土地を購入したい」とBに表示していれば、動機が意思表示に取り込まれ、Aは契約の無効を主張できます。

もっとも、錯誤無効を主張するには、前述したように食い違いが「要素の錯誤」であることが必要です。改正前の民法では要素の錯誤の具体的意味も明確でなく、前述のように法律行為の重要な部分に錯誤がある場合、つまり錯誤がなければ本人も一般人もその意思表示をしなかったであろうほどに重要なものが「要素の錯誤」であると解されています。

このように、改正前民法の錯誤に関する規定は、「錯誤」「要素の錯誤」の概念が明確ではないという問題点がありました。また、条文では明らかではない「動機の錯誤」が解釈によって「要素の錯誤」と認められる場合があり、国民にとって不明確でした。そこで、改正前民法の下での解釈を条文化するなどして、より明確な規定へと改正することになりました。

■「錯誤」「要素の錯誤」の意味が明確になる

改正民法では、まず、錯誤には、①意思表示に対応する意思を欠く錯誤と、②表意者が法律行為の基礎とした事情についてのその認識が真実に反する錯誤がある旨を明確にしました（95条1項）。①が意思表示の錯誤、②が動機の錯誤に相当します。その上で、②については「その事情が法律行為の基礎とされていることが表示されていたとき」に限り錯誤による取消しができると規定し、判例の解釈を条文化しました（95条2項）。

次に、錯誤が「法律行為の目的及び取引上の社会通念に照らして」重要なものであるときに、錯誤による取消しができると規定しました（95条1項）。これは改正前民法の「要素の錯誤」

> **要素の錯誤が認められる場合**
> 前述のケース（36ページ）では「甲土地の近くに駅が設置される」という勘違いがなければAも一般人も甲土地を購入しなかったであろうといえる場合に、その勘違いが「要素の錯誤」と認められてAが錯誤無効を主張できることになる。

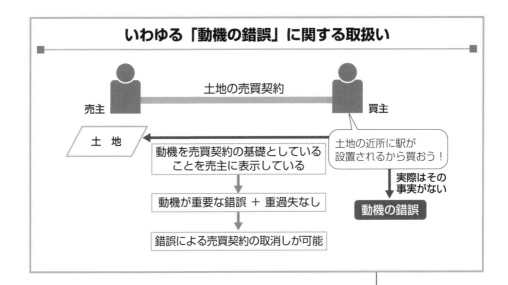

を具体化したと考えられています。

　なお、錯誤については「無効」から「取り消すことができる」（取消し）に改められ、権利行使期間の制約がかかるようになった（54ページ）点も重要です。改正前民法の下でも、錯誤無効を主張できる者は原則として表意者に限定しており、取消しに近い無効として扱われていたのが理由であると言われています。

　また、改正前民法でも、表意者が重大な過失により錯誤に陥った場合は、錯誤無効の主張が認められないと規定し、著しい不注意に基づく無効を防ぎ、取引の安全性を保護していました。この点は改正民法の下でも同様です（95条3項柱書）。その一方で、従来から解釈で認められてきた例外を条文化しました。つまり、①相手方が表意者に錯誤があることを知り、または重大な過失によって知らなかった場合、または②相手方も表意者と同一の錯誤に陥っていた場合は、表意者が重大な過失により錯誤に陥っていても、錯誤による取消しを主張することを認めています（95条3項1号、2号）。

無効と取消し

取消しの意思表示によって当初に遡って効力を否定するのが「取消し」、当然に効力を否定するのが「無効」である。両者は明確に区別されている。

両当事者が錯誤に陥っている場合（共通錯誤）

本文記載の「②相手方も表意者と同一の錯誤に陥っていた場合」（共通錯誤）は、改正前民法の下でも、表意者は、悪意・重過失にかかわらず錯誤無効を主張できると解釈されていた。共通錯誤は相手方も錯誤無効を主張できる状態であることから、相手方保護のために錯誤無効の主張を制限する必要がないからである。

PART1 11 詐欺・強迫による意思表示

総則

意思表示に不当な介入があった場合には取り消すことができる

詐欺・強迫の特徴

心裡留保、虚偽表示、錯誤は、外部に表示された行為から推察される表意者の意思に対応する内心的効果意思が存在しない場合（意思の不存在）である。これに対して、詐欺・強迫に関しては、表示行為と内心的効果意思との間に食い違いは存在しないが、内心的効果意思が形成される過程で、何らかの弊害が生じた場合（瑕疵ある意思表示）である。

■ 詐欺・強迫とは

　人をだまして錯誤に陥れることを詐欺といい、恐ろしいことを言って、人を怖がらせることを強迫（脅迫ではありません）といいます。もっとも、たとえばナイフを突きつけて、無理やり契約書にサインをさせたというような、怖がらせるだけではなく、いわば相手の判断能力を奪ったような形で行われた意思表示については、取り消すまでもなく、表意者の意思無能力を理由に無効となります（3条の2）。欲しくもないのについだまされてその気になってしまったり、言われたとおりにしなければ許してもらえそうもないから従ったような場合です。「自分の言ったことには責任をもて」とよく言われますが、詐欺や強迫の場合にも言ったとおりの義務を負わせるのは気の毒でしょう。そこで、民法は、詐欺または強迫を受けて行った意思表示は取り消すことができるとしています。

　取消というのは、取消権のある者が「この意思表示は取り消すよ」といって初めてその意思表示が無効となるものです。だまされたり、おどされたりしていても、常に損するわけではないことから、民法では取消権を有する者にイニシアチブを与えました。詐欺による意思表示の取消は、後述のように詐欺の事実について落ち度がなく知らない（善意無過失）第三者には主張（対抗）できませんが、強迫による場合は、善意無過失の第三者にも取消を主張できます（96条3項）。民法は、だまされた人よりおどされた人の方を強く保護しています。なぜならば、詐欺と強迫とでは、意思表示をした人にとって、その意思表示

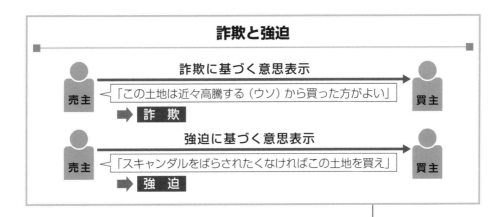

を行うにあたり、選択の自由という点で大きな差があるためです。詐欺に関しては、相手方等の詐欺行為により、錯誤に陥ってしまっているとはいえ、最終的に意思表示を行うか否かについては、意思表示をした人が選択をすることができます。しかし強迫については、自分自身がそのような意思表示を行いたくないと認識している場合であっても、相手方から特定の意思表示をするよう強いられているため、強迫により意思表示を行った人をより保護する必要性が高いということができます。

■ 詐欺と錯誤の違い

民法は、錯誤の場合と、詐欺による場合とを区別していますが、この区別は果たして適切なのでしょうか。だまされた人は、何らかの錯誤に陥ります。その意味では、詐欺による意思表示と錯誤による意思表示は、重なる場合があるといえます。ただ、詐欺の場合には「だます」という違法な行為が使われている点で錯誤とは異なるのです。

■ 第三者詐欺に関して

民法は詐欺による意思表示は、取り消すことができると規定しています。したがって、売主が「近々この土地の地価は数倍

詐欺における錯誤

相手方等の詐欺によって表意者が陥った錯誤（勘違い）は、動機の錯誤であってもよいし、要素の錯誤でなくてもよいと解されている。これも錯誤の場合との違いである。

にも跳ね上がるので、現在買っておくと得ですよ」というように、実際にはありもしない事実を買主に告げたために（詐欺）、買主がこれを信じて、土地の購入を決意し、実際に土地の売買契約を締結した場合には、後からこの契約を取り消すことが可能です。

もっとも、詐欺行為は当事者間のみにおいて起こるわけではありません。たとえば前述の例において、詐欺行為を行ったのが売主ではなく、売買契約とは無関係の第三者が、買主に地価が高騰するというウソの事実を告げたために、地価が高騰すると誤った認識に基づいて、買主がこの土地の売買契約を結んでしまう場合もあります。これを第三者詐欺といいます。

買主の視点から考えると、詐欺に遭ったことが原因で、契約を結んでいるという点では、売主が詐欺行為を行った場合と何ら異なるところはありません。しかし、売主が詐欺行為をしているわけではありませんから、第三者詐欺の場合には、買主が契約の取消しを売主に主張することができるのかどうかが問題になります。

改正前の民法では、意思表示の相手方が、第三者詐欺に基づく意思表示であるとの事実を知っていたときに限り、表意者がその意思表示を取り消すことができると規定していました。したがって、前述の例では、買主が第三者詐欺に遭っているとの事実について、売主が過失によって知らない場合であっても、買主は売買契約を取り消すことはできません。しかし、第三者詐欺の事例では、詐欺に基づく意思表示を行った人（表意者）に落ち度は少なく、通常の詐欺のケースと同様の保護が必要であることと、他の規定と比較すると第三者詐欺の事例における表意者の保護が不十分であると批判されていました。改正前民法の下でも、表意者による取消しの主張を制限するには、相手方が第三者詐欺の事実を知らず、かつ知らないことに過失がないことまで必要であるとの解釈が強く主張されていました。

そこで、改正民法はこの見解を取り入れて、表意者は、意思

第三者詐欺に関する規定の趣旨

第三者が詐欺を行ったことについて、相手方の善意・無過失が要求されている。たとえば、意思表示の相手方が第二者詐欺の事実を知っている（悪意）ということは、事実上、意思表示の相手方と第三者詐欺を行った者との間に、共謀が存在することが少なくない。このような場合に法律行為の取消しを認めても、不測の損害が生じることは少ないと考えられている。

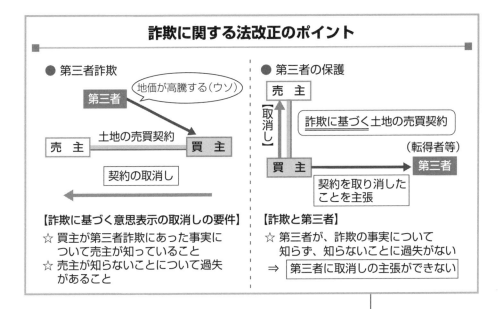

表示の相手方が第三者詐欺の事実を知っている場合だけでなく、過失により知らない場合にも、第三者詐欺による取消しの主張が可能になっています（96条2項）。

■ 第三者保護規定について

　錯誤の場合と同様に、取消しと第三者に関する規定が置かれていることも重要です。つまり、詐欺に基づく契約等の法律行為が行われた当事者間ではなく、その法律行為に起因して、取引関係に入った第三者の保護に関する規定が置かれています。改正前の規定によれば、第三者が詐欺に基づく法律行為であることを知らない場合（善意）に、表意者は、その第三者に対して、法律行為が取り消された事実を主張できませんでした。

　しかし、詐欺に遭った表意者を保護する必要性が高いため、改正民法では、善意かつ無過失（落ち度なく知らない）の第三者に対してのみ、詐欺に基づく取消しの主張が制限されます（96条3項）。

> **改正法における第三者詐欺の規定**
> 「相手方に対する意思表示について第三者が詐欺を行った場合においては、相手方がその事実を知り、又は知ることができたときに限り、その意思表示を取り消すことができる」という規定に改められる。

> **民法96条3項の第三者の定義**
> 詐欺による取消前に、売買契約の買主から物品を取得した者（転得者）などをさす。なお、取消後に物品を取得した者との関係は、原則として対抗要件の有無で処理するのが判例である。

PART1 12 代理

総則

代理人が行った法律行為の効果は本人に帰属する

■ 代理とは何か

今日のように、社会の取引関係が複雑になり、その規模や範囲も拡大してくると、自分1人でそのすべてを処理するのは困難な場合が多くなってきます。そこで自分（本人）の代わりに他人（代理人）に事務を処理させ、本人が代理人の行った法律行為の結果（効果）を受けるという制度が必要になってきます。これが代理です。

代理は、取引行為など本人の活動範囲を拡張させるための制度です（私的自治の拡張）。本人と一定の関係にある代理人が、本人のために意思表示をすると、その法律効果が直接本人に帰属します。つまり、他人が行った法律行為の効果が全部自分に帰属し、いわば、自分が法律行為をしたのと同じこととして扱われるわけです。普通ならば、行為をする者（行為当事者）とその行為から生じる効果を受ける者（効果帰属者）は、同一人ですが、そこが分かれている点が代理の特長なのです。また、未成年者や成年被後見人などの制限行為能力者については、その保護者などが代わって行為をする必要があります。その場合にも、代理という制度が必要になってきます。これを私的自治の補充といいます。

■ 代理における三面関係

代理では、①本人と代理人との関係（代理関係）、②代理人と相手方との関係（代理行為の当事者）、③本人と相手方との関係（法律効果の帰属者）、という三面関係が成立します。

> **任意代理と法定代理**
> 本人の依頼を受けて代理人となる場合を任意代理、法律の規定に基づいて代理人となる場合を法定代理という（制限行為能力者の保護者などがあてはまる）。一般論として、任意代理には私的自治の拡張、法定代理には私的自治の補充という作用があると言われている。

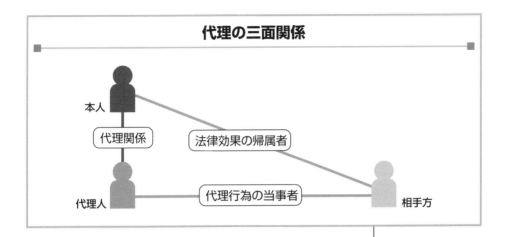

① **本人と代理人との関係（代理関係）**

　代理において最も中心となる関係です。代理人の代理行為の効果が本人に帰属するためには、代理人にはその行為について代理権がなければなりません。代理権とは、代理をなし得る地位（代理資格）のことで、代理人の法律行為の効果が本人に帰属するための要となるものです。代理権のない者がした行為の効果は、原則として本人には帰属しません。また、ⓐ同一の法律行為について、相手方の代理人（自己契約）または当事者双方の代理人（双方代理）として代理行為を行うことや、ⓑ代理人と本人との利益が相反する行為（利益相反行為）について代理行為を行うことは、本人の許諾があるという例外的場合（ⓐは債務の履行も例外となる）を除き、代理権を有しない者の行為（無権代理）とみなされます（108条）。

　なお、代理人が権限内の行為に関して、さらに代理人（復代理人）を選任することが認められる場合があります。

② **代理人と相手方との関係（代理行為の当事者）**

　代理においては、法律行為を行うのは代理人であって、本人はその効果を受けるにすぎません。そこで、顕名（代理人が代理人として法律行為をしていることを相手方に明らかにするこ

> **復代理について**
>
> 代理人の法的性質により、復代理人の選任に注意すべき事柄は異なる。任意代理人については、本人の許諾を得た場合またはやむを得ない場合に、はじめて復代理人の選任が認められる。一方、法定代理人に関しては、原則としていつでも復代理人を選任することができる。

と）が要求されています。また、代理人にはその法律効果が帰属しないので、原則として行為能力を要しません（次ページ）。

③ **本人と相手方との関係（法律効果の帰属者）**

代理行為の効果はすべて本人に帰属します。たとえば、売買契約において目的物の所有権を得ることや、代金を支払う義務などです。さらに、その契約を解除したり、取り消すのも、法律にとくに定めがある場合を除いて本人が行います。

■ 代理行為の欠陥（瑕疵）について

代理人が適法に行った法律行為について、その法律的な効果が、代理人に委任した本人に帰属することについては、何ら問題なく認められます。しかし、実際は代理形式で行われる法律行為には、トラブルが生じることが少なくありません。

たとえば、ある人が土地の売買契約を代理人に依頼した場合に、この代理人が実際にはそのような事実がないにもかかわらず、「この土地は、数年の間に新幹線が開通するために、地価が高騰するので、現在買うのが得だ」とウソをついて、買主を見つけて売買契約を結んだとしましょう。

改正前の民法では、意思表示の効力が詐欺や強迫などで影響を受ける場合（代理行為の瑕疵）には、その事実の有無に関する判断は代理人を基準にして決定する旨の規定が置かれていました。しかし、この規定では、代理人が詐欺や強迫などを行った場合の効果を規定しているのか、それとも代理人が詐欺や強迫などを受けた場合の効果を規定しているのかが明確ではなく、終局的には法律の解釈によって結論を導く必要がありました。

代理行為に欠陥（瑕疵）がある場合について、改正法では、ⓐ代理人が欠陥の原因を作った行為者である場合と、ⓑ代理人が欠陥のある意思表示の受け手になる場合を区別して規定を置いています（101条1項、2項）。

その上で、ⓐの場合は「代理人の相手方に対する意思表示の

代理行為の瑕疵
民法101条1項～3項で規定している。

代理行為の欠陥に関する取扱い

代理行為に欠陥（瑕疵）がある場合

① **代理人が欠陥の原因を作った行為者である場合**
「代理人の相手方に対する意思表示の効力が意思の不存在、錯誤、詐欺、強迫、悪意、有過失」の事情により影響を受ける
∴ 詐欺行為等の事実の有無は代理人について判断する

② **代理人が欠陥のある意思表示の受け手になる場合**
「意思表示を受けた代理人の悪意、有過失」の事情により意思表示の効力が影響を受ける
∴ 悪意や有過失については代理人について判断する

効力が意思の不存在、錯誤、詐欺、強迫、悪意、有過失」の事情により、ⓑの場合は「意思表示を受けた代理人の悪意、有過失」の事情により、それぞれ影響を及ぼすおそれがある場合、それらの事実の有無は代理人について決定します。

したがって、前述の事例では、代理人が詐欺行為を行っているのでⓐの場合に該当します。そこで、代理人と土地の売買契約を結んだ買主が、詐欺に関するルールに従って、意思表示を取り消すか否かを判断することになります。

一方、第三者が買主に詐欺行為をしたとすると、代理人は買主から欠陥のある意思表示を受ける側なのでⓑの場合に該当します。そこで、代理人が悪意または有過失であれば、買主は第三者詐欺による取消しを行うことができます。

また、改正前の民法では、代理人は行為能力者である必要はないとだけ規定していました。改正法の下でも、制限行為能力者が代理人としてした行為は、行為能力の制限を理由に取消しはできないとする点では同じです。しかし、制限行為能力者が他の制限行為能力者の法定代理人としてした行為は、取消しができるとの例外が設けられました（102条）。

PART1 13 無権代理と表見代理

総則

例外的に無権代理行為について本人に効果が帰属することが認められる場合がある

■ 無権代理とは

代理行為には様々な問題があります。たとえば、本人から実際には代理権を与えられていないのに、代理人であると称して他人と契約等の法律行為を行った場合の法律上の処理や、代理権自体は与えられていた代理人が、与えられた権限を超えて、または権限を濫用して行った法律行為の処理等に関する問題などが挙げられます。

代理人として代理行為をした者に代理権がない場合（代理権の範囲を超える場合を含みます）を無権代理といいます。この場合の法律効果は本人に帰属しないのはもちろん、代理人にも帰属しません。ただし、本人が無権代理人の行為（無権代理行為）を追認（承認）すれば、本人に効果が帰属します（113条）。

しかし、本人の追認が得られない場合は、無権代理行為の無効が確定し、無権代理人に特別の責任が負わされます（無権代理人の責任、117条）。つまり、無権代理人は、自分の代理権を証明したとき、または本人の追認を得たときを除き、相手方（無権代理の事実について善意かつ無過失であることが必要です）の選択に従い、相手方に対して履行責任または損害賠償責任を負います。履行責任を負うとは、たとえば無権代理行為が売買契約等であった場合、無権代理人が売主である場合には、目的物を引き渡す義務を無権代理人自身が負うということです。

もっとも、無権代理人が履行責任を果たすのは困難であることが多いので、損害賠償請求が行われる場合が多いといえます。

> **追認**
> 事後的に確定的なものにする当事者の意思表示で、取り消すことができる行為などを後から認めること。無権代理であれば、無権代理人のした行為を本人が追認することにより、無権代理人の行為を有効として、その効果を本人が享受することもできる（民法116条）。

無権代理行為と表見代理

代理人

正当な代理権を持たないで行った法律行為

原　則　無権代理行為
∴ 本人に効果は帰属しない（代理人にも帰属しない）
⇒ ただし、本人の追認により本人に効果が帰属する

例　外　代理行為として認められる場合がある
→ **表 見 代 理**

表見代理
① 授権表示の表見代理
② 権限を越えた場合の表見代理
③ 代理権消滅後の表見代理

■ 表見代理とは

　無権代理行為の場合、常に本人の追認が得られるとは限りません。本人の追認が得られない場合には、前述のように無権代理人の責任を追及するわけですが、それも容易なことではありません。また、行為当時には代理権の有無が明確でない場合もあります。しかしそれでは、代理権がないことを知らずに取引した相手方の保護としては不十分ですし、代理制度の社会的信用を損なうおそれがあります。

　そこで民法は、本人と自称代理人との間に、本人に責任を負わせるのが相手方保護の立場から相当であると認められる特別の事情がある場合には、本人が無権代理を理由として、自分への法律効果の帰属を拒否できないようにしました。いわば本人と代理人との間に、最初から有効な代理関係があったように扱うわけです。これが表見代理の制度です。

① 授権表示による表見代理（109条）

　本人が第三者（相手方）に対して、他人に代理権を与えた旨の表示（授権表示）をしましたが、実際には代理権を与えていなかった場合です。白紙委任状を渡した場合や、自分の名義を

白紙委任状

本来、委任状に記載すべき委任者・受任者の氏名や委任事項欄を空欄にしたまま、署名・押印して手渡す委任状のこと。

使って仕事をすることを許した場合（名板貸し）がそうです。

なお、授権表示による表見代理の規定によって、改正前民法が想定している事例は、実際には代理権を持たない者が、授権表示により示された代理権の範囲内の行為をした場合に、代理権があったものとして法律上扱う（表見代理を成立させる）という事例です。しかし、授権表示が行われたものの、実際には代理権を持たない者が、その授権表示によって示されている代理権の範囲を超えて法律行為に及ぶという場合がありえます。

この種の事例について、従来は解釈により「授権表示による表見代理」の規定と後述の「権限を越えた場合の表見代理」の規定を重畳的に適用して解決が図られてきました（重畳適用）。民法改正により、この解釈が条文化されています（109条2項）。

② 権限を越えた場合の表見代理（110条）

代理人には何らかの代理権（基本代理権）がありましたが、代理人がその代理権の範囲を超えて代理行為をした場合です。土地の管理を頼まれていた者が、その土地を売却してしまった場合などがあてはまります。

③ 代理権消滅後の表見代理（112条）

代理人には以前に代理権がありましたが、代理権が消滅した後も、以前と同じように代理人として行為した場合です。勤め先から解雇された新聞の集金人が、集金業務を行って新聞代を徴収した場合などがあてはまります。

なお、代理権消滅後の表見代理に関する規定が想定している事例は、消滅した代理権の範囲内の行為について、以前の代理人が法律行為を行った場合について規定しています。したがって、厳密には、代理権消滅後に、かつて持っていた代理権を超えた範囲の法律行為を行った場合には、代理権消滅後の表見代理の規定を直接的に適用するのは困難といえました。そのため、前述した授権表示の表見代理に関する規定と同様に、解釈によって「代理権消滅後の表見代理」の規定と「権限を越えた場

合の表見代理」の規定を重畳的に適用することで、解決が図られてきました。民法改正により、この解釈が条文化されています（112条2項）。

以上、①～③のいずれの場合も表見代理が成立するには、相手方に有効な代理行為であったと信じたことについて正当な理由（善意・無過失）があることを必要としています。本人の利益（静的安全）と無権代理人の相手方の利益（動的安全）の調整を、正当な理由の有無で図ろうとしています。改正後も無権代理行為に関する規定は基本的に維持されていますが、より詳細な規定に改めて、わかりやすい条文になるように整理されています。

■ 代理権の濫用について

改正前の民法では、代理人が代理行為を自分の利益のために行った場合など、代理権を濫用した場合について明文規定を置いていませんでした。判例は心裡留保（34ページ）に関する規定を類推適用する手法で処理してきました。これは、代理人が本当は「自己または第三者の利益のために法律行為に及んでいる」という真意と、客観的には「本人のために法律行為を行っている」という表示が食い違っていることが、心裡留保と類似の状況が発生していることに基づく法律構成でした。

もっとも、代理権を濫用している代理人の行為は無権代理に準じる行為であるといえるため、これを心裡留保により説明するとの構成には批判もありました。そこで、改正後の民法では、代理人が自己や第三者の利益を図る目的で代理行為をした場合、相手方がその目的を知り、または知ることができたときは、無権代理行為とみなされることが明らかになりました（107条）。

代理権の濫用は無権代理

改正前は代理権の濫用は権限内の行為なので有権代理と解釈されていたが、改正後の民法では無権代理と位置付けた点も重要である。

PART1 14 総則

無効・取消

法律行為の効力が否定されると原状回復義務が発生する

■ 無効と取消とは

「未成年者の行為は取り消すことができる」「相手と通じた虚偽の意思表示は無効」などというように、法律行為の効力に関しては、無効や取消という言葉がでてきました。ここでは、この2つの言葉について見ていきましょう。

無効とは、意思表示が当然のこととして効力をもたない場合をいいます。取消とは、一応有効とされるが、取り消されれば、さかのぼって無効とされる場合をいいます。したがって、取り消すことのできる行為は取り消されるまでは有効なのです。取り消すことのできる事情があっても、それが自分に有利なものだと考えれば、取り消さないこともできます。なお、さかのぼって効力が生じることを遡及効といいます。

もっとも無効や取消が問題になるのは、意思表示自体は存在しているということです。法律行為の大前提ともいえる、意思表示自体がそもそも存在しない場合には、法律行為は「不成立」であり、無効や取消とは異なることに注意が必要です。

■ 無効と取消はどう違う？

その他どのような違いがあるのでしょうか。

まず、追認の意味合いが異なります。追認とは、欠陥のある法律行為を事後的に認めることです。無効行為は当然に効力をもたないので、追認しても有効になるわけではありません。無効行為の追認は新しい意思表示をしたとみなされます（119条）。

これに対して、取り消すことのできる行為の追認は、一応有

無効と取消についてのまとめ

	主張できる者	主張できる期間	追認	効力
無効	誰でもできる	いつでも主張できる	できない	当然無効
取消	取消権がある者（120条）	期間が限られている（126条）	できる	はじめにさかのぼって無効

効に成立している行為を、確定的に有効にする行為ということになります。これによって、法律行為の相手方にとって、取り消されるか否かという不安定な状態から解放され、法律関係が確定するという意味合いがあります。なお、取り消すことのできる法律行為の相手方は、取り消されるか否かが不明確な間は、法律的に不安定な位置に置かれざるを得ません。そこで、法律行為の相手方は、一方当事者である制限行為能力者や無権代理行為の本人に対して、追認するか否かを確認することが認められています。これを催告といいます。催告を行った後に、一定の期間内に何ら確答（追認するかしないかの返事）が得られない場合には、追認が拒否されたものとして扱われます（20条1項、114条）。

追認が行われると、それ以降は、当該法律行為は完全に有効な法律行為であると扱われるため、いったん追認した法律行為について、後になって取り消すことはできません。

また、取消権者が追認の意思表示を示していない場合であっても、一定の規定された事実が存在する場合に追認したものと扱われる場合があります。これを法定追認といいます。民法は法定追認にあたる事実として、次の6つを規定しています（125条）。つまり、①取消権者が債務の全部または一部を履行した場合、②取消権者が相手方が負う債務の履行を請求した場合、

> **法定追認の成立時期**
> 法定追認は「追認をすることができる時以後」に、6つの事実のいずれかが発生した時に成立する。追認できる時とは、取消の原因である詐欺、強迫、制限行為能力などの状況が消滅し、自らが取消権を有するのを知った時をさす（124条1項）。

③取り消し得る法律行為に関して更改契約を結んだ場合、④取消権者の負う債務について抵当権等の担保を提供した場合、⑤取り消し得る法律行為により取得した権利の全部または一部を取消権者が譲渡した場合、⑥取消権者が取り消し得る法律行為に基づいて強制執行を行った場合です。

次に、無効は誰であっても主張できます。取消は詐欺・強迫を受けた者やその代理人など、または制限行為能力者やその代理人など、一定の人しかその主張ができません（120条）。

第三に、無効はいつまででも主張できます。これに対して取消権は、追認ができる時から5年間、あるいは法律行為をした時から20年間を経過すると主張できなくなります（126条）。

このように両者に違いがありますが、これは取引の安全などいろいろな事情を考慮した上で、「その行為がなかったことにする」と主張したい人をより強く保護すべき場合なのか、それほどでもないのかによって、「無効」を主張できる場合と「取消」を主張できる場合が区別されたためです。

■ 原状回復義務について

たとえば、土地の売買契約において、売主が、実際には存在しない地価が高騰する理由を、まるで存在するかのように装い、これを信じた買主が土地の売買契約を締結して、すでに代金も支払った後で、土地も買主に引き渡されていたとしましょう。この場合、買主が詐欺を理由に契約を取り消すと、この契約は遡ってはじめから無効であったとして取り扱われます。

このように契約が取り消された場合、すでに買主は土地の引渡しを受けており、売主は代金の支払いを受けています。契約が遡って無効になった以上、当事者のもとに給付されている物や金銭もまた、元の持主のもとに戻され、いわば契約締結以前の状態に巻き戻す必要があります。

改正後の民法では、無効な行為によって給付を受けた場合に

改正前の原状回復義務に関する扱い

改正前の民法には、法律行為が無効や取消しになった場合の効果について一般的規定を置いておらず、契約締結前の状態に戻すための法的根拠は存在していなかった。そこで、不当利得に関する規定を適用して、元の状態への復帰（原状回復）を行っていた。

もっとも、不当利得とは必ずしも状況が同じではない法律行為の無効や取消しの場合について、不当利得の条文を適用することには批判も少なからずあり、ルールの整備が求められていた。

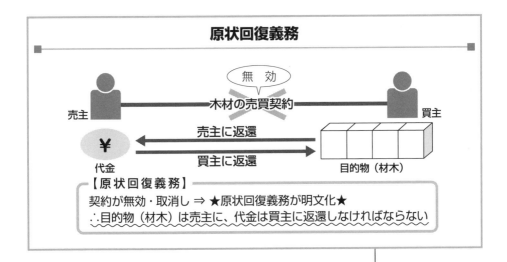

ついて、その給付を行った相手方に対して、原状に復帰させる義務（原状回復義務）を負うことを明記しています（121条の2第1項）。原状回復とは、そっくりそのまま、契約などが行われた以前の状態に完全に戻すことをさします。売買契約など当事者双方が給付をするケースでは、お互いに原状回復することが当事者の公平に資するといえます。

しかし、贈与など一方当事者のみが給付するケースでは、給付を受けた側のみに原状回復義務が課され、不当に重い義務となりかねません。そこで、無効な無償行為に基づいて給付を受けた者は、給付を受けた当時その行為が無効である（または給付を受けた当時その行為の取消しができる）ことを知らなかったときは、その行為により現に利益を受けている限度で（現存利益）返還の義務を負う旨の規定が設けられました（121条の2第2項）。つまり、無償行為の給付を受けた者が善意のときは、手元に残っている範囲での返還でよいことになります。

なお、それ以外でも改正法は、取消しができる法律行為の追認についても、解釈による運用が行われていた点などを明文化しています（124条）。

無効な行為

無効な行為には、初めから当然に無効である場合と、取消しによって初めから無効となった場合（民法121条）の双方を含む。

追認に関する新しい規定

たとえば、取消しの原因である状況が消滅し、かつ、取消権を有することを知った後でなければ、追認はできないとの規定（124条1項）が置かれた。

PART1 15 条件・期限

総則

法律効果の発生や消滅が一定の事実にかかっている場合がある

■ 条件と期限の違い

私たちが法律行為をするにあたっては、その効果を直ちに発生させずに、ある一定の事実が発生したり、一定の時期が到来したときに発生させようとする場合があります。たとえば、「A大学に合格したら車を買ってやる」「来年の○月×日に借りているお金を返済する」などいろいろあります。これが条件・期限です。

① 条件

法律行為の効力の発生または消滅を、将来の不確定な事実の成否によるとする場合を条件といいます。条件には、その条件が成就すれば法律行為の効力を発生させるという停止条件（条件成就まで、法律行為の効力の発生が停止されている）と、その条件が成就すれば法律行為の効力が消滅するという解除条件（条件成就によって、発生していた法律行為の効力がなくなる）があります。「宝クジで1等が当たったら、お宅のマンションを買いますよ」というのが停止条件、「宝クジで1等が当たったら、会社員を辞めてやる」というのが解除条件の例です。

もちろん、法律に違反する条件を定めること、または、法律に違反しないのを条件とすることは許されません（不法条件）。たとえば、「Aを殺したら、300万円あげる」「Bを殺さないなら、300万円をあげる」などの不法条件を定めたら、条件だけでなく契約自体が無効となります。もっとも、一見法律に違反するような条件を定めているように見える場合であっても、許される場合もあります。たとえば、「会社の利益や信用を毀損

> **不法条件**
> 民法132条は「不法な条件を付した法律行為は、無効とする」と規定する。

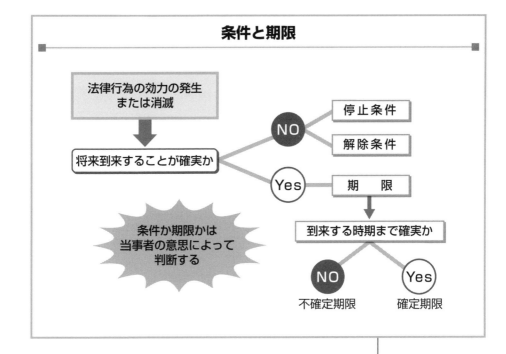

する行為を行った場合には、会社に対して持つすべての持分を剥奪する」という内容の条件は、条件によって法律違反が助長される効果が認められないことから、条件としての効力を否定する必要がないためです。

② **期限**

法律行為の効力の発生・消滅または債務の履行を、将来到来することが確実な事実の発生にかからせる場合を期限といいます。期限となる事実は、将来到来することが確実なものでなければなりません。到来する時期まで確実なものを確定期限（来年4月1日など）、到来することは確実ですが、いつ到来するか不確定なものを不確定期限（私が死んだときなど）といいます。

なお、「借り入れた100万円については2年後に返済する」という取り決めなどは、期限が到来するまで、債務者は債務の履行を免れるため、これを期限の利益といいます。

期限の利益は誰のためにあるか

期限の利益は「債務者」のためにあると推定される（136条1項）。

PART1 16 時効の完成と完成猶予

総則

一定の期間の経過により権利関係が確定する制度

■ 時効とは何か

時効は、一定の事実状態が継続する場合に、それが真実の権利関係と一致するかどうかを問わないで、そのまま権利関係として認めようとする制度です。時効には、一定期間の経過によって権利を取得する取得時効と、権利が消滅する消滅時効があります。

■ 取得時効

取得時効とは、ある人が一定期間ある物を支配し続けたという事実状態を尊重して、実際の権利関係を問わずに、その人にその物に対する権利の取得を認める制度です。

取得時効は、動産や不動産の所有権が主な対象です。他人の不動産であっても、10年間自分の所有物だと思って占有を継続し（善意・自主占有）、公然と使用し（平穏・公然）、自分の所有物だと思ったことに落ち度がなければ（無過失）、不動産の所有権を取得します（162条2項）。たとえ自分の所有物だと思っていたことに落ち度があっても（有過失）、20年間不動産の占有を継続すれば、同様に不動産の所有権を取得します（162条1項）。

■ 消滅時効とは

たとえば、AがBにお金を貸したところ、Bが行方不明となり返済の催促もできず、来月で返済日から5年が過ぎようとしたところ、Bから「久しぶりに会って話をしたい」とだけ書かれたメールが送られてきました。Aがメールを無視して5年が

他主占有

他人の物を占有している場合であっても、借りて使っているような場合（これを他主占有という）には、何年使っていても所有権を取得することはできない。

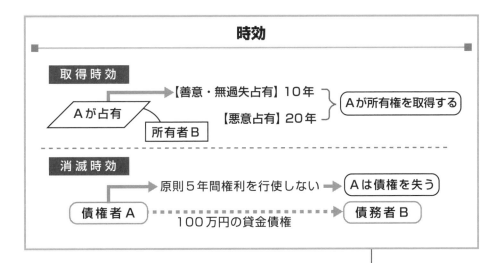

経過した場合、Aの貸金債権は時効により消滅するのでしょうか。

債権者が債務者を被告として訴訟を提起し、または債務者が債務を承認するなど、後述する時効の更新または完成猶予の措置がとられない限り、権利を行使できるのを知った時から5年（または権利を行使できる時から10年）を経過すると、時効が完成して貸金債権が消滅し、以後AはBに「お金を返せ」と言えなくなります（62ページ）。これを消滅時効といいます。長期間権利を行使しない債権者は、法律上保護に値しないという趣旨から設けられた制度です。

■ 協議の合意による時効の完成猶予

債務者と借金の額や支払方法などについて話し合いをもつことは、債権者がその権利を行使しているといえ、時効期間の進行に対して影響を与えることができるようにも思えます。しかし、改正前の民法では、債務者が債務を承認していない場合（承認すると時効が中断〈更新〉します）において、当事者の協議によって時効の完成を妨げるための制度は設けられていませんでした。

> **従来からの消滅時効に関するその他の問題点**
>
> 本文記載の問題点の他にも、改正前民法の下で、時効を中断・停止をさせるために、そのことだけを目的として裁判を起こさなければならないとすれば、債権者、債務者双方にとっても時間や費用など無用な負担を強いることになるという問題点もあった。

| **協議の合意** |
| 民法151条1項〜5項で規定している。

改正後の民法では、こうした不都合を回避するため、当事者が権利について協議をする旨を合意して、この合意に基づき協議を行っている一定の期間は、時効の完成が猶予されるという制度が設けられています。

ただし、権利について協議をする旨の合意は必ず書面で残す必要があります。電磁的記録も書面とみなされることから、メールで合意した場合も時効の完成が猶予されます。

また、時効の完成が猶予される一定の期間は、①協議の合意があったときから1年、②1年に満たない期間を定めた場合はその期間、③当事者の一方が協議の打ち切りを通知したときは通知の時から6か月、のいずれかを経過するまでの間とされています。

| **電磁的記録** |
| 人の知覚では認識できない方式で作られた記録で、コンピュータによる情報処理をするために作られたものである。メールやCD－ROMなどがこれにあたる。

なお、協議が調わないときは、再度、協議の合意をして期間を延長することも可能ですが、完成猶予の期間はトータルで5年以内でなければなりません。

■ 時効の更新

改正後の民法で、改正前の「時効の中断」「時効の停止」の制度を「時効の更新」「時効の完成猶予」の制度に改めました。

改正前の民法において、時効の中断とは、債権者が債務者に対し一定の行為を行えば、それまでの時効期間をリセットし、新たにゼロから時効期間を再スタートさせる制度のことです。時効の停止とは、債権者の権利行使を困難とする状況が発生した場合に、時効の完成を一定期間猶予する制度のことです。

いずれも時効に関わる重要な制度でありながら、一時的に止めることを意味する「中断」が時効期間のリセットをさしたり、動いているものを止めることを意味する「停止」が猶予をさすなど、用語がわかりにくく、一般的な言語感覚から解釈すると時効完成の時期を誤ってしまうことになりかねませんでした。

そこで改正民法では、一般的に使用されている言葉の意味に近づけるため、時効の中断を「時効の更新」に、時効の停止を

主な更新事由と完成猶予事由

ケース	完成猶予事由	更新事由
①裁判上の請求 ②支払督促 ③調停 ④破産手続参加	原則として①～④の事由が終了するまでの間は時効が完成しない	確定判決などで権利が確定した時に、①～④の事由の終了時から新たに時効が進行する
⑤強制執行 ⑥担保権の実行 ⑦担保権の実行としての競売	原則として⑤～⑦の事由が終了するまでの間は時効が完成しない	原則として⑤～⑦の事由の終了時から新たに時効が進行する
⑧仮差押え ⑨仮処分	⑧⑨の事由の終了時から6か月間は時効が完成しない	
⑩履行の催告	⑩の時から6か月間は時効が完成しない（完成猶予期間中の再度の催告は完成猶予の効力を有しない）	
⑪権利の承認		⑪の時から新たに時効が進行する

「時効の完成猶予」に変更し、国民にわかりやすい制度へと再構成しています。

■ 1つのケースで更新と完成猶予がある

　改正前の民法では、裁判上の請求や差押えは中断事由、法定代理人がいない未成年者や成年被後見人がある場合は停止事由などのように、中断事由と停止事由が区別されていました。

　改正後の民法では、1つのケースについても、当事者などに生じた事実に応じて、時効の更新事由および完成猶予事由が割り振られています。主な更新事由と完成猶予事由は、上図のとおりです。なお、時効の更新や完成猶予の効力は、更新事由や完成猶予事由が生じた当事者とその承継人の間でのみ生じる点は、改正前と変わりません（相対的効力）。

相対的効力
時効の更新や完成猶予の相対的効力は民法153条～154条で規定している。

PART1 17 消滅時効及び時効期間の変更

総則

債権の消滅時効期間は一本化されている

■ 消滅時効は債権と所有権以外の財産権に

　消滅時効は、一定期間権利を行使しない状態が続けば、その権利が消滅する制度です。消滅時効の存在意義については、主に以下の３点が挙げられてきました。

　１点目は、一定の事実状態を保護して、権利関係を早期に確定して法律関係の安定をめざすためです。たとえば、金銭消費貸借契約において、借主が金銭を用意しているのに、一向に貸主が取立てに現れない場合、借主としては一体いつまで返済の用意をし続けなければならないのでしょうか。仮に、消滅時効が認められていないとすれば、いつまでも借主は金銭消費貸借契約に拘束されることになり、法律関係が確定しないという不安定な状況に置かれます。そのため、一定期間の経過により法律関係が確定するよう、消滅時効が認められることになりました。また、消滅時効により、権利の行使期間を制限することで、権利関係をめぐる紛争を早期に解決する機能が期待されています。

　２点目として、証拠保全の困難さが挙げられます。とくに科学技術の発展が今日ほど進展していなかった時分においては、長い期間の経過によって、権利関係を証明するための証拠を保全することが困難でした。そのため、権利行使ができる期間を、ある時点で区切る消滅時効制度を取り入れることで、長期間経過後の証明責任から、とりわけ債務者を解放する目的で、消滅時効が存在すると説明されています。

　３点目としては、「権利の上に眠る者は保護しない」という法格言が根拠であると説明されることがあります。権利者は自

消滅時効の存在理由

消滅時効の存在理由

① 権利関係の早期確定と紛争の早期解決
→ いつまでも不安定な地位に置かれる当事者の権利関係を確定させる

② 証拠保全の困難さを考慮
→ 時の経過による証明の困難性を考慮

③ 「権利の上に眠る者は保護しない」
→ 自ら権利を行使しようとしない権利者を法は保護しない

分の権利を行使する、または行使しない点について、自由に選択することができます。しかし、いつまでも自分が持っている権利を行使しない者について、法律がこの者の権利をいつまでも保障しなければならないのでは、あまりに不合理であることから、ある時点で権利者が持っている権利の行使ができなくなるという消滅時効制度が必要であると説明されています。

民法は、債権は権利を行使できるのを知った時から5年（または権利を行使できる時から10年）、所有権以外の財産権は権利を行使できる時から20年で消滅すると定めています（166条）。所有権は消滅時効によって消滅することはありません。他人が土地の所有権を時効取得すると、その部分について自分の所有権は消失しますが、それは他人が所有権を取得したからであって、自分が所有権を行使しなかったからではありません。

■ **時効期間**

改正前は、友人からの借金の時効は民法の規定で10年なのに、金融機関（銀行）からの借金の時効は5年と、同じ金銭の貸し

> **改正前の民法における時効に関する規定**
> 改正前の民法では、原則として、「債権は、10年間行使しないときは消滅する」と規定していた。

> **商人**
> 営利目的で同種の業務を継続的・大量的に行う者のこと。会社など（株式会社、持分会社など）も商人である。商人の取引においては、商法が適用されることになる。

> **銀行の場合**
> 銀行は商人なので商事消滅時効が適用され、銀行が貸主である貸付金の時効期間は5年と取り扱われていた。

> **消滅時効期間**
> 債権の消滅時効期間は民法166条1項で規定している。なお、所有権が時効で消滅しない点は従来と同じである。

借りでも相手が個人か商人かによって時効期間が異なっていました。

後者の商事債権は、民法の特別法である商法の規定により時効期間を5年に短縮していたためです（商事消滅時効）。しかし、個人間の貸し借りであっても、貸付に際して返済日を約束するのが通常なので、契約を結んだ当時、貸主は権利行使ができる時点を知っているはずです。それなのに時効期間を10年とするのは長すぎるとの批判がありました。商事消滅時効についても、信用金庫は商人にあたらず、借主も商人でない場合は、民法の原則通り信用金庫を貸主とする借金の時効期間を10年と取り扱う判例があるなど、適用範囲が不透明との指摘もあります。

さらに、改正前の民法では「短期消滅時効」を規定し、飲み屋のツケやレンタルビデオのレンタル料は1年、学習塾の授業料は2年、病院の診療代は3年といったように、職業別に債権を細分化し、様々な時効期間を設けていました。しかし、同じように「お金を払え」という権利なのに、職業や業種によって時効期間に違いを設けることに合理的根拠はなく、このまま維持することは職業差別にもつながりかねません。

そこで改正民法では、民法の短期消滅時効の規定と、商法の商事消滅時効の規定をいずれも削除し、原則として時効期間を一本化する新たなルールを設けることにしました。

改正民法では、債権の消滅時効について、従来の一般原則である「権利を行使できる時から10年」が経過したときに加え、「権利を行使できることを知った時から5年」が経過した場合も時効によって債権が消滅すると規定しました。つまり、「権利を行使できる時」という客観的起算点だけでなく、「権利を行使できるのを知った時」という主観的起算点からの時効期間を設けることで、法律関係の早期安定化をめざしているわけです。

具体例で考えてみましょう。2010年にAがBから「医者になったら返す」との約束で200万円を借り、2012年にAが医師国家

債権の消滅時効期間に関する民法改正

- 短期消滅時効の廃止
- 商事消滅時効の廃止

→ 債権の消滅時効期間の一本化
　権利を行使できることを知った時から5年
　　　　　　　　または
　権利を行使できる時から10年

　損害賠償請求権などの特則

試験に合格したものの、BがAの合格を知ったのが2015年であった場合、貸金債権の消滅時効はいつ完成するのでしょうか。

　改正前の民法では、権利を行使できる時から10年の期間が経過しなければ時効は完成せず、設例でも2022年にならなければ消滅時効は完成しません。しかし、改正民法では従来の客観的な時効期間に加え、権利を行使できるのを知った時から5年間という主観的な時効期間が設けられたことから、前述の例でも2020年には時効が完成することになり、権利関係が早期に確定することになります。

■ 損害賠償請求権の時効期間の特則

　前述の通り改正民法では、債権は原則5年で消滅時効にかかることになりますが、いくつかの例外も規定されています。

　その中で重要な点は、生命や身体を侵害する損害賠償請求権の時効期間について、損害及び加害者を知った時から5年間、または権利を行使できる時から20年間と比較的長期の時効期間が定められたことです（167条、724条の2）。生命や身体の侵害による損害賠償請求権は、それが安全配慮義務違反などの債務不履行に基づくものでも、交通事故などの不法行為に基づくものでも、被害者保護の必要性が高く、また被害者遺族が心身ともに不安定になりやすいことなどにも配慮したといえます。

安全配慮義務

会社などの使用者が負う、労働者が安全に就労できるように配慮する義務のこと。使用者は、労働者を労働させるにあたって労働者の生命・身体の安全に配慮しなければならない（労働契約法5条）。安全配慮義務を怠ったために労働者が損害を被ったときは、契約違反（債務不履行）として使用者は民法上の損害賠償責任（民法415条）を負うことになる。

Column

意思表示の効力発生と受領能力

　意思表示について、民法は到達主義を採用しています。たとえば、売買契約において買主が「買いたい」という意思表示（申込み）が売主に到達し、売主が「売りましょう」という応答の意思表示（承諾）を示し、これが買主に到達した時点で、契約が成立するということです。もっとも、この際に注意しなければならないのは、意思表示を受領する相手方に、意思表示を受領する権限または能力がない場合があり得る、という点です。

　民法は、意思表示の相手方がその意思表示を受けた時に意思能力を有しなかったとき、または、未成年者や成年被後見人であったときは、その意思表示をもってその相手方に対抗することができないと規定しています。つまり、到達主義は相手方がその内容を了知できるということが当然の前提とされており、到達した情報について了知できない場合には、仮に到達していても意思表示の効力を認めることは不当であると考えられたためです。もっとも、これらの場合であっても、法定代理人が知った後、または意思能力を回復し、もしくは行為能力者になった後であれば、意思表示の受領能力が認められるとの例外が規定されています。

　また、意思表示を行う相手方の所在が不明確である場合も考えられます。民法はこのような事態を想定して、意思表示を行う者が相手方またはその所在を知ることができない場合には、「公示の方法」を用いることにより、意思表示の効力発生が認められています。つまり、裁判所の掲示板に掲載等することによって、掲載後2週間経過した後は、意思表示としての効力が発生すると規定しています。なお、原則として、実際に相手方が意思表示の存在を知り得ない事情があっても、公示により肯定された意思表示の効力は影響を受けません。

PART 2

物　権

PART2
1 物権

物権と債権

物権は排他的に物を支配できる権利をいう

■ 物権と債権

　財産権は、物権と債権に分けられます。物権は「物に対する直接の支配権」、債権は「特定の人に対して一定の行為（給付）を要求できる権利」と言われます。民法も「物権編・債権編」と明確に区分しています。

　まず、それぞれの代表的な権利をイメージしながら、その違いを以下で明らかにしておきましょう。

① 物権の絶対性と債権の相対性

　物に対する全面的な支配権である所有権は、典型的な物権です。自分の所有する物であれば、自分で使おうと人に貸そうと、誰かに売ろうと捨ててしまおうと、果ては壊してしまおうと、それは自由です。物権はすべての人に対して主張できる権利だと言われます。

　一方、「100万円を返せ」とか、「○月×日にA劇場でヒット曲を歌う」、などというのが債権の典型です。確かに100万円貸したとしても、全くの他人の財布からもってきてしまっては、ドロボーになります。貸した相手に約束どおり「返してくれ」といえるだけです。劇場で歌うという債権の場合も同じことで、別人が行使しても無意味です。このように債権は、特定の人に対してだけ要求（請求）できる権利です。

② 物権の直接性・排他性

　物権は、他人の行為を必要とせずに、直ちに行使することができます。これを物権の直接性といいます。債権であれば、債務者の行為がなければ、債権者は債務の履行を受けることはで

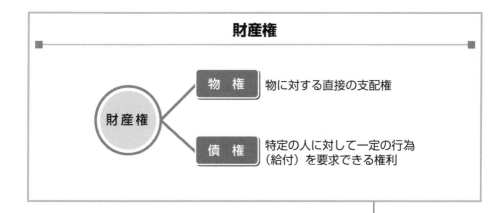

きません。しかし、物権であれば、物権を有する者は、他人を介することなく直接物権を行使できるのです。

また、同じ物の上に同一内容の物権は存在できないのが原則です。ある物がAの所有物であり、同時にBの所有物だということは原則としてありえません。ある土地について、AもBも自分の所有物だと主張している場合には、対抗要件の有無で決まります。これが物権の排他性です。

一方、ある物を、Aにも貸す、Bにも貸すと約束（契約）することはできます。また歌手は、同月同日の同時間に生番組に出演する、という契約を2つのテレビ局と結ぶこともできます。これらの場合、結果的には一方の債権者に対して債務の履行はできなくなりますが、それは損害賠償の問題として処理されます。

③ 物権の優先的効力

同じ内容の物権と債権が同じ物の上に成立するときには、物権が優先します（物権の優先的効力）。たとえば、所有権と賃借権の関係がその典型です。物権である所有権が債権である賃借権に優先します（売買は賃貸借を破る）。ただし現在では、借地借家法という民法とは別の法律によって、借地人や借家人の保護が図られています（賃借権の物権化、228ページ）。

対抗要件

すでに効力の生じた法律関係あるいは権利関係の取得・喪失・変更を第三者に主張（対抗）するために必要とされる要件のこと。不動産は登記が（民法177条）、動産は引渡しが（同法178条）が対抗要件となる。
対抗要件を備えないと、権利を取得できない可能性がある。たとえば、Aが所有している不動産がBに売られた後に、AからCに対しても売られた場合、Cが先に不動産の登記を備えてしまえば、Bは不動産の所有権を取得できないことになる。

物権法定主義

物権の種類と内容は法律により定められている

■ 物権法定主義

　物権は、民法その他の法律に定められているもの以外は創設できません（175条）。つまり、民法は物権の種類を限定して、その内容を定型化しています。よって、当事者間の特約によって新しい物権を作ることも、法律に定めのある物権の内容を変更することも認められません。これを物権法定主義といいます。物権はすべての人に主張できる強い権利であるだけに、物権の範囲をすべての人がわかるものに限定し、取引の安全を図るのを趣旨とします。また、物権は広く不動産登記簿などで公示しておく必要がありますが、物権の種類を多様に認めてしまうと、公示の方法等がいたずらに複雑化してしまうため、物権を限定する必要がありました。しかし、物権法定主義をあまりに厳格にとらえてしまうと、慣習により認められてきた権利を的確にとらえることができないという問題点があります。また、大型の機械等を担保にする手法として、民法が規定する担保物権ではありませんが、判例は譲渡担保を以前から認めています。

① 本権と占有権

　民法上の物権は、本権と占有権に大きく分かれます。本権は所有権（物権の中心的な存在）と制限物権に分類され、さらに制限物権は用益物権と担保物権に分かれます。
　まず、この構造をよく覚えておきましょう。用益物権は、他人の物を使用することで利益をあげることのできる権利です。具体的には、地上権、永小作権、地役権、入会権がこれにあたります。さらに、お金を借りるために担保として差し出す場合

> **慣習法により認められてきた権利**
> たとえば、温泉の源泉を利用する権利（湯口権）については、民法に規定はないが、従来から慣習法上認められている。

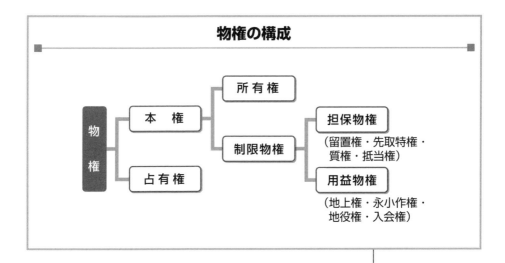

など、物の価値を把握する物権が担保物権です。留置権、先取特権、質権、抵当権がこれにあたります。

② **占有権とその他の物権**

民法は、自己のためにする意思をもって物を所持するときには、法律上の根拠や原因の有無を問うことなく、その事実的支配状態をそのまま法的に保護することにして、占有権の成立を認めています。つまり、どんな理由や根拠があるとしても、ある物を「自分のためにもっている」という場合には、現に所持しているということが重要で、そこに占有権がある、というわけです。

占有権は、その物を支配していることに「適法性」の推定を与えるところに、その特質があります（188条）。

③ **所有権と制限物権**

所有権は、物を全面的・包括的に支配できる権利です。これに対し、他の物権は、限られた範囲でしか物を支配することはできません。つまり、他人の土地を使用収益したり他人の所有物を債権の担保とする範囲で物を支配しているのです。これを制限物権と呼びます。

占有権
落し物を拾ってネコババしようとする人やドロボーにも、所有権は認められないが、占有権はある。

所有者同士の利害関係を調整する規定
自己が所有する土地が他人の所有する土地と隣接する場合、土地を利用することで他人の土地の所有権に影響を与える場合がある。このような場合の利害関係を調整する民法の規定を相隣関係法と呼んでいる。たとえば、隣地の通行権、自然流水に対する妨害禁止、境界標の設置、囲障の設置、隣接する竹木の切除に関する規定などが挙げられる。

物権の効力

PART2
3

物権

物に対する支配的な権利を守るための各種請求権が認められている

■ 物権的請求権とは

　所有者は、法令の制限内で自己の権利を自由に支配することを保障されています（206条）。ということは、他人の不当な干渉によって、この自由な支配が妨害されている場合には、その妨害を排除し、所有権の内容を完全に実現するための救済手段が与えられていなければなりません。これは民法の条文にはっきり書いていませんが、当然のこととされています。「オレの物だから、返せ。邪魔するな」と言えなければ、所有権の意味がなくなってしまうからです。

　たとえば、盗難車を現に使用している者に対しては、その自動車の所有者は車の返還を請求することができます（所有物返還請求権）。また、所有地内に勝手に資材を積み込んだ者に対しては、土地の所有者はその撤去を請求できるわけです（所有物妨害排除請求権）。所有権以外の物権についても、物権の目的物を奪われたり、その使用・収益を妨げられるなどの物権侵害（またはその危険性）が生じたときは、各々の物権に基づいた請求権が認められています。これらの請求権はまとめて物権的請求権と呼ばれています。

■ 物権的請求権の種類

　物権的請求権には、以下の3種類があります。もっとも、直接的に物権的請求権を定めた民法の条文はありません。従来から権利の性質上、当然に認められると考えられており、物権的請求権を前提とした占有の訴えが規定されているのみです。

所有権以外の物権に関する物権的請求権

物権に対する侵害の形態は、その物権の種類に応じて異なる。したがって、物権的請求権についても、物権の性質に応じて認められる場合と、認められない場合がある。たとえば、地上権や永小作権については、本文記載の所有権に関する物権的請求権と同様に考えることができる。しかし、留置権や一般の先取特権に関しては、その性質上、物権的請求権は認められない。

所有権と物権的請求権の比較

	占有を奪われた場合	権利を妨害された場合	権利を妨害されそうな場合
所有権（物権的請求権の一つ）	所有物返還請求権	所有物妨害排除請求権	所有物妨害予防請求権
物権的請求権	物権的返還請求権	物権的妨害排除請求権	物権的妨害予防請求権

① 返還請求権

物の占有が全面的に排除された（盗まれた）場合に、物の引渡し（不動産では明渡し）を求める請求権のことです。その物を現実に奪った人ばかりではなく、事情はどうあれ、現実に「他人」の物を占有している人を相手に請求します。

たとえば、Aの所有する動産がBによって盗まれ、それをCがBから譲り受けた場合、Cに即時取得（82ページ）が成立していなければ、AはCに対して「返してくれ」といえるわけです。

② 妨害排除請求権

不法に占有するなどの方法で、物権侵害が生じている（邪魔されている）場合に、その妨害の排除を求める請求権です。たとえば、盛土した隣接の台地が降雨などで崩壊して、土砂が所有地内へ流出した場合に、所有者は、妨害物件であるその土砂の除去を台地の所有者に請求できるわけです。

③ 妨害予防請求権

将来、物権侵害が生ずる可能性が強い場合に、妨害の予防を請求するものです。返還請求権や妨害排除請求権とは異なり、現実に侵害が発生する前に未然に防止することを目的とします。「危ないからやめてくれ」といえるわけです。

盗品の回復

Cが即時取得の要件を満たす場合でも、動産が盗品なので、Aは盗難時から2年以内であれば、Cに対して動産の回復請求（返還請求）ができる（83ページ）。

PART2 4 物権変動

物権

物権は適切な方法で公示しておかなければならない

■ 物権変動と公示の原則

　物権変動とは、物権の「得・喪・変更」のことです。家を新築すれば所有権の取得（得）、お金を借りるために家を担保にすれば抵当権の設定（変更）、火事で家が焼失すれば所有権の消滅（喪）というように、物権の変動には様々な原因や態様があります。その中で最も重要なものは法律行為（とくに、売買）による変動です。

　ところで、物権は排他性のある権利ですから、物権変動があって所有者が交替したということを、世の中の一般の人々から見てきちんとわかるようにしなければなりません。このことを公示の原則といいます。民法はその役割を、不動産については登記、動産については引渡しに期待しています（177条・178条）。建物の売買があったときに、新しく所有者になった買主は、表札に自分の名前を掲げるのですが、それだけでは所有者に交替があったとは、世の中の人にはわかりません。表札の人は借家人であるかもしれないからです。

　そこで、不動産の物権変動については、物権変動があることを公示する必要があり、そのための手段として登記が用意されているのです。一方、動産の場合は、その物を実際に「もっている」ということが、何よりもその人が所有者であるということの公示になると民法は考えています。

　なお、物権変動を公示しておくことで、公示した物権を持つことを第三者に対して主張することができます。このように、公示しないと当該物権について他者に主張することができない

物権変動と登記

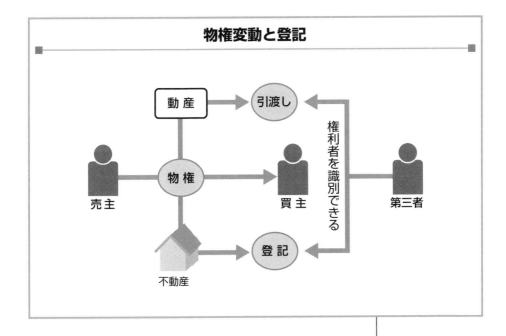

という考え方を、対抗要件主義といいます。したがって、たとえばある不動産について所有権の登記を行っておくことで、仮にその不動産が同時に第三者にも譲渡されていたというような場合であっても、その第三者に対して自己がその不動産の所有者であると主張することができます。

■ 民法と不動産登記法

不動産に関する登記について規定しているのが不動産登記法です。民法によって原則が示された登記について、その具体的なしくみを定めた法律です。したがって、民法の知識がなければ不動産登記法をきちんと理解することはできません。このような民法と不動産登記法の関係は、一般法と特別法の関係といえます。また、登記の内容は民法で、その内容を受けて登記の手続は不動産登記法で、という関係にもありますから、両者は実体法と手続法の関係にもあるといえます。

中間省略登記

たとえばA、B、Cという順番で土地の所有権が順次移転した場合に、中間者Bが登記を経ず、直接AからCに所有権が移転したという登記が行われる場合がある。これを中間省略登記という。登録免許税やその他の経費を節約する目的で行われることが多いが、不動産の物権変動の過程を、登記に反映できないため、有効性が議論されてきた。とくに、上記A・B・Cの三者において合意がある場合は、最終的な権利関係が登記に反映されているため、有効性が認められると考えられている。

PART2 5 不動産の二重譲渡

物権

先に対抗要件を備えた者が優先する

■ 物権法のハイライト

たとえばAが自己所有の不動産をBに売り、代金の支払も済んで、所有権が移転したものの、不動産の登記はまだAのところにある、というケースで考えてみましょう。Aは、その後、同一の不動産をCに売って、Cにも所有権を取得させ、さらにCに登記を移転してしまいました。

民法の立場によると、BはCより先に所有権を取得していますが、未登記であるために、自己の所有権取得をCに向かって主張（対抗）できません。主張できないといっても、もちろんBは「オレのものだ」と言うことはできます。ただ、BがCを被告として自分が所有権をもっていることを確認してくれ、と裁判所に訴えてもBは負けるということなのです。

これに対してCは、Bより後に不動産の所有権を取得したのに、先に移転登記を済ませたので、Bに対して所有権取得を対抗することができ、Cが最終的に不動産の所有者となります。仮に、Cの代金支払が済んでないとしてもです。

では、B・C双方ともに未登記ならどうでしょうか。この場合には、お互いに対抗できない状態が続くだけです。

このように同一不動産が一方でBへ、他方でCへ売られた場合に（二重譲渡、二重売買）、B・Cのいずれが所有者となるかは、B・Cのいずれが先に対抗要件（登記）を備えるかによって決まるというのが、対抗問題と呼ばれるものです。

ところで、AはCより先にBに所有権を移転しているはずです。では、どうしてさらにCに売ることができるのでしょうか。

二重譲渡のケース

売主 → 売る → 第1の買主（未登記）　登記を先に備えた方が勝つ！

売主 → 売る → 第2の買主（登記済）　第2の買主が権利者

　物権は物を直接排他的に支配する権利です。排他性ということは、ある物に対する同一の物権は両立しないということですから、そもそも二重譲渡などということは不可能のようにも思えます。しかし、所有権者からある人に物権が譲渡されて、まだ登記などの対抗要件を備えていない場合、それだけでは物権の所在の公示がなされておらず、取引の安全にとって重大な支障が生じることは否定できません。

　ただ、その一方で、物権は当事者間の意思表示によって変動するものです。そこで、登記がなされていない状態では、まだ物権の移転は不確定的にしか生じておらず、登記などを備えてはじめて確定的に物権が移転すると考えることになります。

　このように考えれば、最初の譲渡がなされても登記が移転していなければ、物権は不確定的にしか移転しておらず、売主にも不確定的な形で物権が残っているものと解釈できるので、2番目の譲渡もすることができるのです。これだけでは2番目の譲渡自体も不確定的なものにすぎませんが、登記を備えることでこちらが確定的なものとなって、先の譲渡に優先します。

仮登記

不動産登記手続きに必要な書類がそろわないときやその他、権利を保全しておく必要がある場合に、将来行われる本登記のために、順位を保全しておく目的で行われる登記を、仮登記という。そして、実際に本登記が行われると、仮登記の順位が本登記の順位になる。本文記載の不動産物権変動の対抗問題において、仮登記の制度が重要な役割を担っていると言われる。

物権変動における「第三者」

PART2 6　物権

ただ二重譲渡であることを知っているだけなら第三者から除外されない

■ 物権変動における第三者とは？

　民法は、登記がないと不動産の物権変動を「第三者」に対抗できないとしています（177条）。177条を見ると、そこには「善意の」第三者というように、他の似たような条文（たとえば94条2項など）とは異なり、第三者の範囲を限定するような文言がありません。そこで、当事者以外のすべての者に対して、物権変動を主張するには登記が必要なのかということが問題となります。あらゆる場面において登記の有無で不動産の物権変動の問題に決着をつけようとすると、不都合な結果が生じる場合があるからです。

　判例によると、177条にいう「第三者」とは、当事者およびその包括承継人（相続人など）以外で、登記のないこと（不存在・欠缺）を主張する正当な利益をもつ者を意味すると解釈して、第三者の範囲に一定の制限を設けています。たとえば、不動産の不法占拠者は、登記の不存在を主張する正当な利益がないので、不法占拠者に対して不動産の権利を対抗するには登記が不要です（不法占拠者は第三者にあたらないと解釈します）。

■ 背信的悪意者排除論

　177条の「第三者」は善意（二重売買の事実を知らないこと）が要件とされていませんので、悪意（二重売買の事実を知っていること）の第三者に対して物権変動を主張するときも、登記が必要であると考えられます。ただし、不動産登記法では、詐欺または強迫によって登記の申請を妨げる者と、司法書士や法

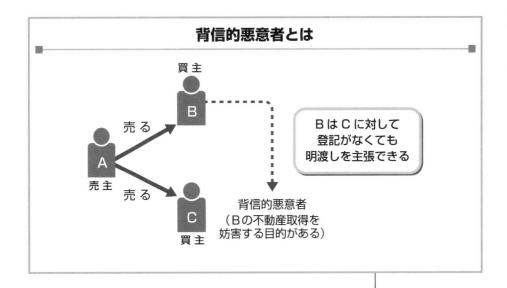

定代理人のように他人のため登記を申請する義務がある者は、登記の不存在を主張することができないと定めていますので、これらの者に対しては登記がなくても不動産の権利を対抗できます。それでは、これ以外の場合には、悪意者に対しても登記がないと不動産の権利を対抗できないのでしょうか。

物権変動の事実を知っている第三者が、登記の不存在を理由にその物権変動を否定できると解釈するのは信義則に反する場合があります。物権変動を第三者に対抗することを望むのであれば、登記をしておくべきなのが原則です。しかし、登記なくして物権変動を第三者に対抗できないとしたのは、自由競争の下で取引の安全を図るためです。上図のCのように、Bによる不動産の取得を妨害する目的でAと取引をするなど、自由競争の範囲を超えた行為をした者（これを「背信的悪意者」といいます）については、取引の安全を図る必要がないと考えられます。そこで、Cのような背信的悪意者（信義に反する悪意者）に対しては、登記がなくても不動産の権利を対抗できると解釈するのが判例の立場です。

背信的悪意者からの転得者

本文記載の背信的悪意者にあたる者から不動産の譲渡を受けた転得者がいた場合、さらに法律関係は複雑になる。背信的悪意者からの譲渡を無効な譲渡だと考えると、転得者は無権利者からの譲受人になるため、対抗問題にならないといえる。しかし、判例は取引の安全に配慮して、転得者自身が第1譲受人（上図のB）との関係で背信的悪意者にあたらなければ、登記を備えることで、第1譲受人に対して不動産の所有権を主張することが許されると考えている。

動産の物権変動

動産に関しては占有が物権変動を公示する方法になる

■ 動産の物権変動とは

　動産の物権変動については、登記ではなく、引渡しが対抗要件と定められています（178条）。また動産に関しては、占有の移転があったときに、それに伴う正当な物権の移動があったと考えます。これを公信の原則といいます。不動産に関しては、公信の原則は認められないので、物権変動が不動産登記に反映されても、そこに記載されている物権変動があったことまでは保証されません。しかし動産に関しては、取引量も多く迅速に取引関係を処理するために、占有について公信の原則を認めています。つまり、本来は無権利者から動産を譲り受けても、正当な権利者になることはできないはずですが、譲渡人が正当な権利者であると譲受人が信頼するのが相当といえる場合（善意無過失）には、譲受人が正当な権利者になることが可能になります（即時取得）。

　このように、占有の移転（引渡し）が公示方法かつ対抗要件とされているのは、動産の占有者が動産の所有権者であるのが一般的だといえるからです。

■ 引渡しの方法

　占有を人から人へ移転させる引渡しの方法は、民法が定める次の4つです。これらは動産の物権変動を考える際に重要です。動産の物権変動の対抗要件は引渡しだからです（178条）。

① **現実の引渡し（182条1項）**

　物を譲渡人の支配圏から譲受人の支配圏に物理的に移転させ

動産の物権変動において対抗要件が必要な場合

動産の物権変動においては、所有権に限り対抗要件が必要になると考えられている。不動産の賃借権と異なり、動産の賃借権は公示方法がないので第三者に対抗できない。

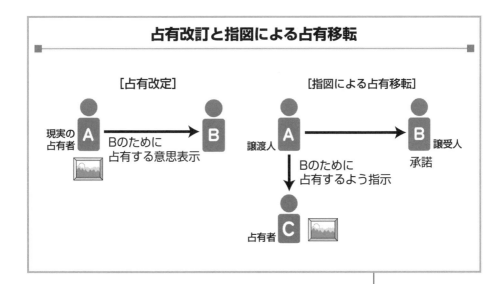

ることです。つまり、物を実際に移動させる場合です。

② **簡易の引渡し**

すでに貸してある物を売り渡す場合のように、目的物が譲受人の手元にある場合に、「譲受人に売ります」と意思表示をするだけで引渡しがあったものとします。譲渡人が一度取り戻して、あらためて現実の引渡しをする手間を省きます。

③ **占有改定（183条）**

現実に占有している者が、引渡しをしようとする相手方に対して、以後はその者のために占有することを表示した場合に、相手方への引渡しがあったとするものです。

④ **指図による占有移転（184条）**

たとえば、物の現実の占有がCのもとにある場合に、Cに占有させていたAが、Cに対して以後は（引渡しをしようとする）Bのために占有するように指示し、引渡しを受けるBがこれを承諾した時に、これをもって占有の移転があったとするものです。直接に占有しているCの承諾は不要です。

PART2 8 即時取得

物権

無権利者から動産を取得しても正当な権利者になることができる場合がある

■ 即時取得とは何か

　動産の取引において、権利者でない者を権利者だと誤信して、その者と取引をした場合、果たして動産の権利を取得できるのでしょうか。できないとすれば、動産の取引がとても不安定なものになってしまいます。動産の取引は日常頻繁に行われますし、譲渡人（売主）の占有を信頼して取引をしても、売主に所有権があることを完全に裏付けるものはありません。

　そこで動産の取引においては、占有を信頼して取引をした者は、譲渡人の権利の有無とは関係なく、権利を取得するとされています（192条）。これが動産の即時取得（善意取得）の制度です。

　即時取得の制度は、公信の原則に基づくものと言われています。実際には権利が存在しないのに、権利が存在すると思われるような外形（公示）がある場合に、その外形を信頼し、権利があると信じて取引をした者を保護するために、その者に権利が存在するとみなすという原則を公信の原則といいます。

　公信の原則は、動産取引の安全を確保するためのものですが、その反面、真の権利者を犠牲にするものでもあります。

■ 即時取得の要件

　①目的物が動産に限られ、②それが取引による取得であることが必要です。また、③譲渡人に処分権限がないことも必要です。処分権限があれば、譲受人は正当に取得するため、即時取得は問題になりません。ただ、譲渡人が制限行為能力者である

占有改定と即時取得

即時取得の要件である「占有」に占有改定は含まず、占有改定による即時取得は成立しないとするのが判例である。即時取得は占有状態に変更がある場合に、それを信頼した者を保護する制度であるが、占有改定は外部からは占有状態の変更が見られないからである。

即時取得とは

```
      盗難
C · · · · · ▶  A ──売却──▶ B
真の所有者      売主＝盗人         買主
   ダイヤの指輪      10万円
```

盗難の時から2年間はCは盗品の回復請求が可能

場合や無権代理人である場合には適用されません。こうした場合にも即時取得を認めると、制限行為能力者制度や無権代理制度が無意味になるからです。同じ理由で、譲渡人が錯誤・詐欺・強迫を主張できる場合にも即時取得は成立しません。

さらに、④動産の取得時に譲受人が平穏・公然・善意・無過失であることが必要です。

■ 盗品・遺失物に対する例外

盗品や遺失物のように、真の権利者の意思によらずに占有を離れた動産の場合には、即時取得を認めることには問題があるでしょう。そこで民法は、目的物である動産が盗品や遺失物の場合には、占有者（譲受人）が即時取得の要件を満たしても、被害者または遺失者は、盗難または遺失のときから2年間は、占有者に対して無償で回復請求ができるとしています（193条）。

> **公の市場で買い受けた場合**
> 占有者が、競売や公の市場（オークションなど）で、盗品や遺失物を善意で買い受けていた場合、被害者や遺失者は、占有者が支払った代価を弁償しないと、盗品や遺失物の回復ができないとの例外がある（194条）。

PART2 9 占有訴権

物権

物を占有する人は占有を保護するために3種類の請求を行うことができる

■ 占有訴権

　民法は、占有者が占有を妨害され、または妨害されるおそれがある場合に、妨害者に対して妨害の排除を請求する権利を占有者に与えています。これを占有訴権（占有の訴え）といいます。占有権は、物を排他的に支配する権利ではありませんが、民法は、物を保持しているという事実状態に対する保護を与える手段として、占有者に対して、占有訴権を認めています。

　占有訴権が認められる根拠としては、簡易迅速な社会秩序の維持が挙げられます。占有権と比べて所有権などの本権の証明が困難な場合もあり、事実状態としての占有を保持する手段を確保することで、容易に社会秩序を保つことができるからです。たとえば、動産については盗んだ相手が判明すれば、奪い返して占有を回復することができます。しかし、このような実力の行使は社会秩序の混乱をもたらすため、仮に動産を盗んだ者に対しても、占有訴権を行使して動産の回復を図るべきとすることで、一般的に法が禁止する自力救済を防ぐことができるというメリットもあります。

　多数説は、占有訴権を物権的請求権の一種であると説明しています。物権的請求権と同じように、以下の3種類の占有訴権が認められています。

① **占有保持の訴え**（198条）

　占有者が占有を妨害されたときは、その妨害の停止および損害の賠償を請求することができます。

② **占有保全の訴え**（199条）

> **本権とは**
> 占有できる基礎となる権利のこと。

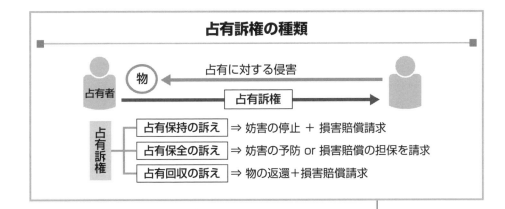

占有者がその占有を妨害されるおそれがあるときは、その妨害の予防または損害賠償の担保を請求することができます。損害賠償の担保というのは、将来妨害が発生し損害賠償義務を生ずる場合のために、あらかじめ提供させるもので、金銭を供託させるとか、保証人を立てるなどの場合があります。

③ 占有回収の訴え（200条1項）

占有者がその占有を侵奪されたときは、その物の返還および損害賠償を請求することができます。「侵奪された」というのは、盗難のように占有者の意思に基づくことなく占有を奪われた場合を意味し、詐取された場合は含みません。占有回収の訴えを提起できるのは、占有を奪われた時から1年以内です。

■ 占有訴権と本権の訴え

占有を基礎とする占有訴権に対して、所有権・地上権・質権などの本権に基づく訴えを本権の訴えといいます。所有者が自己の占有物を奪われた場合には、本権の訴えである所有権に基づく返還請求と、占有訴権である占有回収の訴えとの2種類の訴えが成り立ちます。これら2つの訴えは、同時に提起しても、別々に提起してもよく、一方で負けても他方を提起することができます（202条1項）。

PART2 10 担保

物権

債権の弁済を確保するための手段

■ お金の貸し借りと担保物権

お金を貸した人を債権者、借りた人を債務者と呼びます。債権者の「貸したお金を返してくれ」という権利を債権、借りたお金（債務）を返すことを弁済と呼びます。また、担保の対象となった債権を被担保債権といいます。

債権の弁済を確実にするには担保をとります。担保は、人的担保と物的担保に分類できます。人的担保は保証人など債務者以外の他人の財産を当てにすることですが、これについては後述します。ここでは物的担保について説明します。

物的担保とは、債務者または第三者に属する財産を当てにすることです。物的担保をとった債権者は、他の債権者に優先して権利を行使することが認められます。民法では、留置権・先取特権・質権・抵当権の4種類の担保物権を定めています。

■ 債権者平等の原則

もし、担保がなかったら、債権者は不確実・不安定な立場に置かれます。たとえば債務者が、多数の債権者から債務を負っている場合（多重債務者である場合）には、債務の総額が資力を大きく上回ることも少なくないため、担保を持たない一般債権者は、自己の債権の弁済を十分に受けられません。しかし、たとえば抵当権者は、債務者が破産等の状態に陥ったときには、債務者の不動産に設定していた抵当権を実行することにより、他の一般債権者に優先して、自己の債権の弁済を受けることができます。また、抵当権等は設定後も債務者等が抵当不動産の

担保がないとどうなる

債務者が破産したり、強制執行を受けるときには、債権者平等の原則が働くために、すべての債権者は債権額に応じた按分比例によって、債務者の一般財産から弁済を受けられるにすぎない。

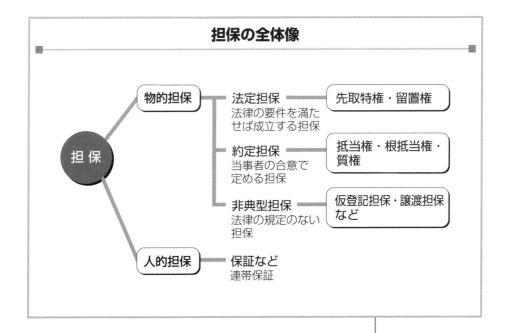

占有を失うことはなく、債務者等にとってもメリットが小さくないため、一般的に金銭の融資の場面等では、保証人等の人的担保と同様に、債権者から抵当権等の設定を求められる場合がほとんどです。

■ 担保物権の種類

担保物権は、金融のための手段としてだけではなく、広く債権担保のために利用されます。また、質権・抵当権・根抵当権のように、当事者間の設定行為(担保設定契約)によって生じる担保物権を約定担保物権といいます。一方、留置権や先取特権のように、法律が定める要件を満たすことで当然に生じる担保物権を法定担保物権といいます。なお、民法が規定する担保物権を典型担保と呼ぶのに対して、判例や慣習法に基づいて認められる担保物権を非典型担保といいます。

非典型担保の設定

非典型担保は、当事者の合意に基づき、権利の移転等の形式を用いて債権を担保するなどの方法で設定される(100ページ)。

PART2 11 担保物権の性質

物権

他の物権と異なり債権の存在を前提とした性質がいくつか存在する

■ 担保物権に共通する性質

担保物権は、物権の一種としての一般的性質の他に、次のような性質をもっています。

① **附従性**

「債権のないところに担保物権はない」という性質のことです。つまり、担保物権は債権を担保するためのものですから、債権があって初めて存在し、債権が弁済などによって消滅すれば担保物権も消滅するのです。

② **随伴性**

債権が譲渡され、他人が債権者となれば、担保物権もそれに伴ってその他人に移転します。担保物権が債権を担保するためのものだからです。たとえば、抵当権によって担保されている債権（被担保債権）が譲渡されると、被担保債権の譲渡に伴って抵当権も譲受人に移転することになります。

③ **不可分性**

担保物権は、債権全部の弁済を受けるまで目的物全部の上に効力を及ぼします。たとえば100万円の債権を担保するために宝石が質入れされていたとして、40万円を一部弁済したからといって質権は一部消滅するわけではありません。質権は60万円の残債務を担保することになります。

④ **物上代位性**

担保物権は、目的物に代わる物・金銭にも及びます。たとえば抵当権のついた家屋に火災保険がついていた場合、その家屋が焼失すると、抵当権者は、保険金請求権から優先弁済を受け

担保物権の性質

	留置権	先取特権	質権	抵当権	根抵当権
附従性	○	○	○	○	×
随伴性	○	○	○	○	×（確定前）
不可分性	○	○	○	○	○
物上代位性	×	○	○	○	○

ることができます。

■ 担保物権の効力

担保物権には、以下のような効力が認められます。

① **優先弁済的効力**

債権の弁済が得られないとき、担保権者（債権者）は目的物を換金した上で、他の債権者に先立って弁済を受けることができます。これを優先弁済的効力といいます。物の交換価値を債権者が把握する効力だともいえます。

② **留置的効力**

目的物を債権者の手もとにとどめ置き、債務者に心理的圧迫を加えることによって、債務の弁済を促す効力です。物の使用価値を債権者がとりあげるともいえます。

③ **収益的効力**

債権者が担保目的物を自ら収益（賃貸や運用などをすること）し、それによって獲得した収益によって、優先弁済を受けることができる場合があります。不動産質権には収益的効力がありますが（356条以下）、留置権や動産質権でも債務者が承認すれば認められます（298条2項、350条）。

> **優先弁済的効力**
> 先取特権・質権・抵当権について認められる効力。

> **留置的効力**
> 留置権と質権について認められる効力。

留置権と先取特権

PART2 12
物権

特定の債権について回収を確実にするために法が認めた担保物権

■ 留置権はどんな権利？

留置権は法定担保物権です。他人の物（目的物）の占有者が、目的物に関して生じた債権（被担保債権）があるときは当然に発生し、被担保債権の弁済があるまで目的物を留置しておくことができる権利です（295条）。抵当権等とは異なり、目的物の占有が留置権者に移っているのが特徴です。留置権を行使するには、その目的物を留置権者が占有し続けなければならず、占有を失うと留置権が消滅するという点に注意が必要です。たとえば時計を修理したときの修理代金や、商品の売買代金を支払わないと、時計や商品は渡しませんと言って、時計や商品を留置することにより、間接的に支払いを強制するわけです。

留置権の特徴は、留置権で担保される債権（被担保債権）が、留置される物に関して生じたものでなければならないという点にあります（牽連関係）。たとえば時計の修理代金は、まさに時計に関する修理契約に基づき生じた債権といえます。

なお、留置権と同じような効力がある権利として同時履行の抗弁権（533条）があります。後ほど触れますが、同時履行の抗弁権とは、売買契約のように当事者相互が債権債務を負担し合う契約（双務契約）から発生する契約法上の権利です。

一方、留置権は物から発生する物権です。どちらも「お金を支払うまで物を返さない」と主張できますが、留置権は誰に対しても主張できるのに対して、同時履行の抗弁権は契約の相手方にだけしか主張できません。

> **留置権の不可分性**
> 留置権者は、債権の全部の弁済を受けるまでは、留置物の全部についてその権利を行使できる（不可分性）。

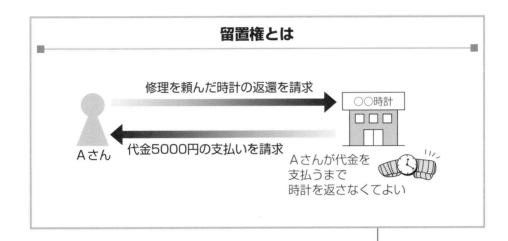

■ 先取特権とは

　先取特権は、法律に定めた一定の債権を担保するために認められる法定担保物権です（303条）。担保の目的物に応じて、一般先取特権、動産先取特権、不動産先取特権という3種類の先取特権が規定されています。

　たとえば、不幸にしてある会社が倒産したとしましょう。会社の従業員は、会社に対して賃金債権をもっています。会社に対しては、従業員の他に銀行や取引先など、いろいろな債権者がいるわけですが、このとき、「債権者平等の原則」によって処理したらどうなるのでしょうか。会社に対する債権は普通、銀行や取引先の債権の方が、従業員の賃金債権よりもはるかに多額です。そうすると、従業員の元にはごくわずかの金額しか支払われないことになります。それでは従業員が生活していけなくなるため、民法は従業員に他の債権者よりも優先権を与えようとしたのです。

　また、先取特権については、基本的に、第三者に先取特権を主張するための要件（対抗要件）として、登記等を備える必要がないという利点があります。

一般先取特権の種類

①共益の費用、②雇用関係、③葬式の費用、④日用品の供給によって生じた債権を有する者が、債務者の総財産に対して有するのが一般先取特権である。

質権

PART2 13 物権

預った物から優先的に債権を回収することができる権利

■ 質権とは何か

街で「○×質店」という看板を見かけることも、最近は少なくなってきました。質権とは約定担保物権で、質権設定契約という当事者間の契約で設定する担保物権です。借りたお金を期限内に返済すれば、質権者(質屋)に預けた物(質物)は戻ってきますが、借りたお金を返済できないときは、質権者は質物を競売にかけて、その代金から他の債権者に優先して返済に充てることができます(優先弁済的効力)。

また質権を設定する際は、持参した物を質権者に引き渡さなければなりません(質権者による占有の禁止、345条)。抵当権等とは異なり、融資目的で事業運営に不可欠な建物などに担保を設定して、自らそれを利用しながら債務を返済するという形態をとることはできないのです。質権者は品物を預かって間接的に履行を促し(留置的効力)、返済がない場合には競売にかけて返済に充てます。今日では金融のほとんどを銀行や貸金業者が担っていますので、質権が利用される場面は多くありません。

■ 質権の種類

質権には動産質、不動産質、権利質の3種類があります。

① **動産質**

動産を担保目的物とする質権です。ダイヤの指輪やブランド品などが対象となることが多いです。なお、質流れ(被担保債権が弁済されない時に質物を自分の物とすること)は、質屋や商取引において例外的に認められます。百貨店などで見かける

動産質権者が占有を奪われた場合

動産質において、動産質権者が第三者に占有を奪われた場合(または占有の妨害にあった場合)、占有回収の訴えによる方法のみが救済手段として認められる。質物である動産の占有を失ってしまうと、動産質権者は動産質権に関する対抗要件を失ってしまうため、より強力な請求権である、質権に基づく返還請求まで認めることは困難だと考えられるためである。

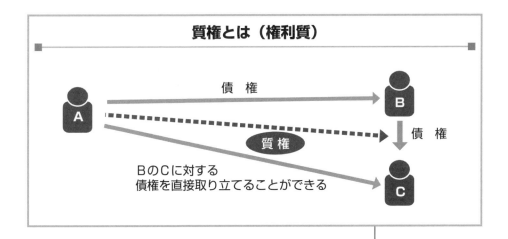

質流れ品は、質屋が自分の物とした質物を売却するものです。

② **不動産質**

　不動産を担保目的物とする質権です。不動産質権を設定する際も引渡しが必要ですが、対抗要件として登記も必要です。質権者が目的物を使用収益できる（収益的効力）ことが特長ですが、今日では重要性を失っています。不動産の担保化手段は抵当権の設定が圧倒的に多いといえます。債権者は金融機関であることが多く、金融機関は担保に取った不動産を自ら占有し、使用収益するのはかえって煩雑であると考えている一方で、債務者としてもその不動産を占有し続けたい（住居または事業用店舗として使用し続けたい）と考えるのが通常だからです。

③ **権利質**

　財産権（債権、株式、知的財産権など）を担保目的とする質権です。たとえば、銀行に対して100万円の定期預金債権をもっているとすると、この債権に質権を設定して90万円まで借りることができる「総合口座」というサービスがあります。これは定期預金債権が権利質となっています。

債権質の質権者による直接取立て

権利質のうち債権を目的とする質権を債権質という。上図のAのように債権質の質権者は、質権の目的である債権を自ら直接取り立てることができる。

抵当権

PART2 14
物権

債務者が物の占有を失うことなく設定できる担保物権

■ 抵当権とは何か

　抵当権は、質権と同じように、貸金債権の担保として設定されることが多くあります。貸金が返済されない場合、債権者は被担保債権（原則として貸金の元本＋2年分の利息です）を限度として、抵当不動産に対してその権利を行使できます。不動産を担保目的物とする点は不動産質と似ていますが、抵当権は担保目的物の占有を抵当権者（債権者）に移転する必要はなく、抵当権設定者の手元にとどめておくことができるのです（369条）。

　たとえば、自宅を抵当に入れた場合は、そのまま住み続けることができますが、不動産質権を設定した場合は、別に住む場所を探さなければなりません。ここに抵当権の大きな特色と債務者のメリットがあります。

　抵当権は占有の移転を必要とせず、抵当権設定者に目的物の使用収益権があります。つまり、抵当権の目的物に対する利用・管理に関する権限は、抵当権設定者に任されています。抵当権設定者が目的物を使用収益して利益をあげることで、自己の債務の返済が容易になるという経済的利点があるのです。ただし、通常の用法に従った利用からあまりにもかけ離れた場合は、抵当権侵害となる可能性があります。

　一方、抵当権者は、目的物そのものがほしいわけではなく、貸金と利息が手に入れば十分なのですから、目的物の占有まで設定者から奪う必要はありません。むしろ目的物は設定者の手元にとどめておいて利用させ、収益をあげさせた方が効果的だということになります。

抵当権の設定方法

抵当権を設定するためには、自己の不動産について抵当権を設定しようとする者（債務者または第三者）と、債権者との間で抵当権設定契約を締結する必要がある。対抗要件については、本文記載のように、抵当権に関する登記が必要であるが、抵当権設定契約は諾成契約であり、要式についても制限はない。

抵当権とは

Aさん（貸し手、抵当権者）
Bさん（借り手、抵当権設定者）
甲 土地（所有者はB）

①5000万円の貸金債権（被担保債権）
②抵当権

AはBと①貸金契約（金銭消費貸借契約）と②抵当権設定契約を結ぶ。Aさんを「抵当権者」、Bさんを「抵当権設定者」、5000万円の貸金債権を「被担保債権」という。

なお、抵当権は、目的物の占有移転を伴わないだけに、第三者に対抗（主張）するためには、登記（抵当権設定登記）によって権利を公示することが必要です。

■ 抵当権の順位

たとえば、A所有不動産の価値が5000万円あるとして、Bから1000万円の借金をして抵当権（１番抵当権）を設定したとしましょう。このとき、Bが抵当権で把握しているのは5000万円のうち1000万円分だけです。まだ4000万円分は価値が残っているわけです。そして、さらにCから800万円の借金をする際に、２番抵当権の設定を受けると、Cは800万円を抵当権で把握できます。このように抵当権は「１番、２番、３番……」と、いくらでも設定ができます。この順番を抵当権の順位といいます。

そして、債務の返済ができずに、抵当不動産が売却された場合には、まず１番抵当権者が弁済を受けます。その上で、まだお金が残っていれば２番抵当権者が、さらに同様に、３番抵当権者といくわけです。ただ、順位が下がれば下がるほど、その債権を回収するのは難しくなっていきます。

> **抵当権の効力**
>
> 抵当権の重要な効力として、物上代位性が挙げられる。物上代位とは、抵当権の目的物が売却されたり、賃貸借の目的物とされた場合に、それにより抵当権設定者が受け取る金銭等に対しても、抵当権を行使することができる効力をいう。もっとも、物上代位権を行使するためには、抵当権設定者に払い渡される前に、抵当権者が売買代金債権や、賃料債権等について差押えを行う必要がある。

抵当権と用益権との関係

PART2 15
物権

抵当権と利用権の調整のために法定地上権の制度が設けられている

■ 抵当権と用益権

　抵当権は、目的物の交換価値を把握するだけで、その設定自体によって目的物の利用が妨げられたりすることはありません。しかし、ひとたび抵当権が実行され、目的物が競売されると、利用関係は大いに影響を受けます。抵当権設定者や抵当権設定者からの目的物の譲受人は、それ以後目的物を利用できなくなります。第三者の利用権（抵当不動産の賃借人の賃借権など）も、抵当権設定後に登場した場合はもちろん、抵当権設定前からの第三者であっても、その利用権が登記や引渡しなどの対抗要件を備えていない限り、すべてくつがえされてしまいます。このことは、抵当権者が、抵当権設定当時の利用関係を前提として目的物の担保価値を評価していることを考えれば、当然と言えば当然の話です。しかしそれでは、抵当不動産の利用関係は著しく不安定なものとなります。とくに抵当権設定後に利用権を創設することは事実上不可能です。

　そこで民法は、抵当権と利用権（用益権）の調整を図るために、法定地上権（388条）の制度を設けました。

　なお、建物への抵当権設定後に建物を賃借して使用している場合、その建物を競落した人（買受人）に対する明渡しは6か月間猶予されます（明渡猶予期間、395条）。

■ 法定地上権とは

　たとえば、土地と建物を所有していたAが、建物について、債権者Bのために抵当権を設定したとします。その抵当権が実

代価弁済

本文記載のように、抵当権が設定された不動産を売買等により譲り受けた者は、原則として抵当権が付着したままの不動産を取得しなければならない。そこで、譲受人等の第三取得者が、抵当権が実行される等の負担から解放される方法を、民法が規定している。そのひとつが代価弁済である。代価弁済とは、抵当権者の請求に応じて、不動産の第三取得者が、請求した代価を支払うことによって、抵当権が消滅する制度をいう。

抵当権消滅請求

上記代価弁済と同様に、不動産の第三取得者が抵当権を消滅させるための制度として、抵当権消滅請求が規定されている。代価弁済は、抵当権者が請求を行うのに対して、抵当権消滅請求は、第三取得者が、一定の金額を提示することで、抵当権者に抵当権の消滅を請求する制度である。抵当権消滅請求を受けた抵当権者は、提示された金額を承諾するか、または2か月以内に抵当不動産の競売を申し立てなければ、承諾したものと扱われる。抵当権者が承諾等を行うことで、抵当権は消滅する。

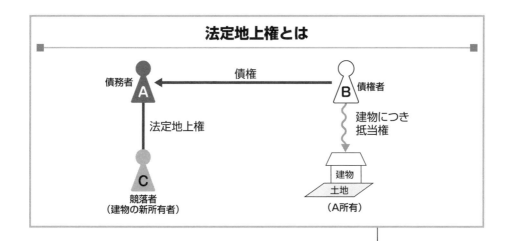

行され、第三者Cが建物を競落した場合には、CはA所有の土地の上に無条件で地上権を取得します（388条）。これを法定地上権といいます。もし、抵当権設定当時に土地と建物がそれぞれ別の人の所有であったとすれば、賃貸借契約（または地上権設定契約）により、すでに土地の利用権が設定されていたでしょうから、抵当権はこれを前提として成立していたはずです。つまり、Aの土地利用権は建物の従たる権利として、建物に設定された抵当権の目的になります。反対に、土地に抵当権が設定された場合には、土地利用権が対抗力をもつ限り、土地の抵当権は利用権の制限を受けざるを得ないのです。

ところが、土地と建物の所有者が同じ場合は、自分の土地の上に自分のための利用権（自己借地権）を設定することを、民法が認めていないために、抵当権設定当時にあらかじめ、将来土地と建物の所有者が異なる場合に備えて利用権を設定しておくことができません。そのため、競落によって法律上当然に利用権（地上権）が成立するとしたのです。

こうして土地利用権者（建物所有者）の利益が得られるのです。法定地上権の成立は、抵当権設定者と抵当権者との間の特約によっても排除できないと解されています。

従たる権利

主たる権利に従属する権利のこと。

PART2 16

物権

根抵当権

継続的な取引の債権を一括して担保できる

■ 根抵当権について

根抵当権とは、一定の範囲にある不特定の債権を「極度額」(当事者が定めた限度額) まで担保する形式の抵当権です。通常の抵当権は、被担保債権が個別に特定されており、その債権を担保するために設定され、その債権が弁済などで消滅すれば抵当権も消滅します (附従性)。一方、根抵当権は、一定の範囲に属する債権であれば、個々の債権を特定することなく、複数の債権を極度額に至るまで担保することができます (398条の2)。

さらに、通常の抵当権と異なり、被担保債権の金額がゼロになっても根抵当権は消滅しません。つまり、根抵当権は極度額という「枠」を設定して、その枠内であれば、被担保債権が増減したり入れ換わったりすることのできる権利です。根抵当権は、債務者との間で継続的な取引をしている債権者が、債務者に対する債権を一括して担保するのに有益な制度です。

■ 根抵当権を設定する

根抵当権は「一切の債権を担保する」などの包括的な定めはできません (包括根抵当の禁止)。根抵当権は、債務者の不動産に一定の担保「枠」を設定するものですから、その金額 (極度額) も根抵当権の設定に際して決めなければならず、極度額も根抵当権設定登記の内容となります。

根抵当権には極度額という枠が設定されますが、実際の被担保債権は常に変動しており、担保される債権は一定の範囲のも

根抵当権の設定の例

たとえば、A社とB社が継続的に取引をしており、A社がB社に対して常に売掛金債権をもっているとする。そして、個々の売掛金債権が増減したり入れ換わったような場合には、根抵当権の被担保債権の範囲 (債権の範囲) を「平成○年○月○日商取引契約」というように決定し、その契約から生じる債権を被担保債権とする旨を根抵当権設定登記の内容とする。

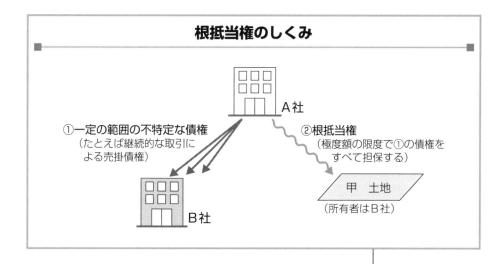

のに限定されます。ですから、根抵当権の設定に際しても、被担保債権の「範囲」と「極度額」を定めることが必要になり、それらが登記事項とされているのです。なお、被担保債権を特定するためには債務者の特定も必要となることから、「債務者」も登記事項とされています。

■ 元本を確定する

根抵当権は元本の他、利息および遅延損害金をすべて極度額に至るまで担保します。元本は一定の事由があると確定します（398条の19、398条の20）。元本が確定すると、その額の債権を被担保債権とする通常の抵当権とほぼ同様に扱えます。

なお、元本確定期日を定めていない場合に限り、根抵当権者や根抵当権設定者が「元本確定請求」をしたときに、根抵当権の元本が確定します。根抵当権者は、いつでも元本確定請求をすることができます（請求時に元本が確定します）。一方、根抵当権設定者は、根抵当権を設定した日から3年を過ぎたときに、元本確定の請求をすることができます（請求時から2週間経過すると元本が確定します）。

> **元本の確定**
>
> たとえば、極度額の定めが6000万円の根抵当権について元本が5500万円と確定されたのであれば、その後は5500万円の債権を担保する通常の抵当権とほぼ同じように考えればよい。元本の確定が生じる原因の代表例として、根抵当権設定時に債権者と債務者があらかじめ定めておいた「確定期日の到来」が挙げられる。

PART2 17 非典型担保

物権

他の法律上の形式を採用していても、その実質的な目的が担保である場合をいう

■ 譲渡担保とは

　民法が規定する4種類の担保物権を補う、新しい形式の担保物権を非典型担保と呼びます。民法に規定されている担保物権のみでは、たとえば動産に抵当権を設定することはできないため、取引上の必要性にうまく対応できません。さらに物権法定主義により、民法に規定している担保物権の他に、新たな担保物権を設けることは許されません。そこで、他の法律上の形式を利用しつつ、債権を担保するという目的を達成するための手段が考えられました。その代表格が譲渡担保です。

　AがBに対して債権を有している場合に、Bないし第三者Cがその債権の担保として、Aに対して物の所有権を移転することがあります。Bが債務の弁済をしなかった場合に、Aはその物で優先的に弁済を受けようというわけです。また、抵当権等の典型担保においては、担保の実行にあたり、民事執行法上の競売手続きに基づかなければなりません。しかし、当事者の合意に基づく譲渡担保においては、担保権者の視点からは、競売によることなく容易に担保権を実行することができるという利点があります。このように、物の所有権を形式上は債権者に譲渡して、債権回収の確実性を高める制度が譲渡担保です。

　抵当権の目的物は不動産ですが、これを何とか動産にも利用できるようにと考え出されたものです。譲渡担保は、形式上は所有権の譲渡でありながら、その実質は担保の設定です。占有の移転は必要ありませんから、とくに工場内にある個々の動産ではなく、工場内の全体としての価値に基づき担保に提供でき

譲渡担保の利用法
動産の他にも「のれん」といった企業の有する営業上の価値なども担保にすることができる。

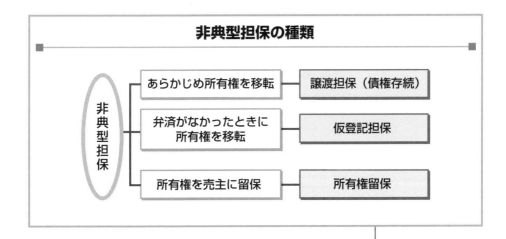

るため（集合物譲渡担保）、多く利用されます。

■ 所有権留保

買主に目的物を引き渡しても、代金が完済されるまで、引渡しをした目的物の所有権を売主に留保することを所有権留保といいます。所有権留保は、代金債権を確保するための1つの担保物権としての機能を果たします。

たとえば、自動車や高額商品の割賦販売やローン販売では、ほとんどの場合、所有権留保が利用されています。売買そのものは条件付きではないのですが、所有権移転に停止条件がつけられています。買主は代金を完済すれば所有権の移転を受けることができ、売主は所有権を留保しているので、買主が残代金を支払わない場合には、いつでも契約を解除して、所有権に基づいた目的物の返還を請求できます。

停止条件
条件が発生するまで効力の発生が停止されている条件。

■ 仮登記担保

仮登記担保とは、金銭債務の弁済がなされなかった場合に、債務者の権利（不動産の所有権など）を取得できる地位を仮登記して保全しておく債権担保方法のことです。

仮登記の方法
債権者への所有権移転に関する仮登記をしておき、弁済が不履行となった時に本登記にする方法などがある。

Column

共同所有と区分所有

　物に対する所有権という場合には、1つの物に対して、所有権を持つ者は一人であることが一般的に念頭に置かれているということができます。もっとも、ある1つの物に対して、複数の人が共同して所有するという形態があります。これを共有（狭義の意味での共有）といいます。民法は共有に関するルールを置いています。

　たとえば、共有状態に入っている当事者は、物に対して持分権を持ちます。つまり、1つの物を、いわば複数の人で分割することをさしますので、各共有者は原則として分割した割合に基づき、持分権が認められることになります。そこで民法は、原則として共有物の使用・収益に関しては、原則として共有者の持分権に応じた多数決に基づいた運用が行われています。ただ、使用・収益に関する事項すべてについて、持分権に応じた多数決によらなければならないとすると不都合が多いため、民法はいくつかの例外を規定しています。たとえば、共有物の維持等に必要な行為（保存行為）については、共有者各自が行うことができます。もっとも、共有物を他人に譲渡する場合や、大幅な変更がある場合には、とくに共有物の性質に及ぶ重大な事項といえますので、共有者全員の同意を得なければ、行うことができません。

　なお、民法に規定があるわけではありませんが、解釈により、共有状態には上述の（狭義の）共有の他に、組合財産のように持分権を認めることはできますが、団体的な規律に従わなければならない合有、そして、村落の入会権のように、各人の持分権が全く認められない総有というように、全部で3種類の共有状態があると考えられています。また、分譲マンションのように、1つの建物の中に、ある一定の限られたスペースについて、完全に独立した所有権が認められる場合もあります。これは区分所有と呼ばれ、主に区分所有法の規律に従うことになります。

PART 3

債権総論

PART3 1 債権と債務の関係

債権総論

当事者がお互いに負担する対応した権利関係

■ 債権と債務

　債権とは、特定の人（債権者）が特定の人（債務者）に対して特定の行為（給付）を請求する権利です。たとえば、自動車の売買契約で言えば、買主は、「自動車を引き渡せ」と売主に請求できます。この場合は、債権者が買主、債務者は売主で、債権者のもつ権利は自動車の引渡債権と呼びます。そして、自動車を引き渡すということが「給付」の内容となるわけです。一方、代金の支払いに着目すれば、売主が債権者、買主が債務者で、債権者のもつ権利は金銭債権と呼ばれます。代金に見合う金銭を支払うことが給付の内容となるわけです。

　債権に対応して、何かをしなければいけないという義務を債務といいます。債務には一定の物を引き渡すことを内容とする「与える債務」（引渡債務）と、それ以外の一定の作為または不作為を内容とする「なす債務」があります。

> **不作為**
> 何かをしないことを不作為という。たとえば、騒音を引き起こしている者がいる場合には、被害者は加害者に対して、騒音を引き起こさないという不作為を求めることになる。

■ 債権の目的

　債権法は私的自治の原則が最も強くあらわれる分野で、任意規定（31ページ）が多いと言われています。債権の内容も原則として当事者の契約で自由に決められますが、次に掲げる一般的な要件を満たさなければならないという制限があります。

① 給付の適法性

　債権の内容は違法性がなく、社会的にも妥当なものでなければなりません。つまり、債務者の給付が強行規定（31ページ）または公序良俗に違反しないことが必要です。たとえば麻薬売

債権と債務

| 債　権 | 特定の人が特定の人に対して特定の行為を請求する権利 |

↕

| 債　務 | 何かをしなければいけないという義務 |

買や殺人を依頼することは公序良俗に違反し無効です（90条）。

② 給付の可能性

債権の内容は実現可能なものであることが必要です。債権発生時にすでに実現不可能な場合を原始的不能、債権発生後に実現不可能になった場合を後発的不能といいます。後発的不能は債務不履行のうちの履行不能（116ページ）の問題となります。

③ 給付の確定性

債権の内容ははっきりしていることが必要です。ただし、債権発生時に債権の内容が確定していなくても、履行時までに確定できるものであればよいとするのが判例の立場です。

たとえば、中古車を販売する場面を想定してみましょう。買主は、様々ある中古車の中から、実際に自分が購入する「たったひとつの物」を選択して、売主に対して購入を希望する旨を告げることになります。売買契約の目的物は中古車ですので、新車とは異なり、ある程度傷ついている場合もあるでしょうし、エンジンの調子が万全ではなくても購入したいと考える場合もあるかもしれません。このとき、買主は「まさにこの中古車」を指定して、購入を希望しているため、物の個性に着目しています。

このように、その個性に着目した物を特定物といいます。中

> **原始的不能の取扱い**
>
> 改正前民法の下では、原始的不能の債権（契約）は無効だと解釈されていた。しかし、改正後の民法では、原始的不能の債権でも有効（解除により消滅すべきもの）と取り扱われる（412条の2第1項）。

古車の売買契約では、多少の傷やエンジントラブルなどがあっても、そのことを承知で買主はその中古車を選択しているので、売主は引き渡す際に、傷を修復する必要はなく、エンジンを新品に交換する必要もありません。買主が選択した時の状態のまま引き渡せばよいのです。

もっとも、引渡しの時点まで、売主は特定物を保管する必要があり、改正前の民法の下でも、特定物に関する保管義務として、善良な管理者の注意義務（善管注意義務）を規定しています。しかし、具体的にどの程度の義務が課されるのかが不明確でした。そこで、改正後の民法では「契約その他の当該債権の発生原因及び取引上の社会通念に照らして定まる善良な管理者の注意」（400条）というように、やや詳細に踏み込んだ規定が置かれています。改正民法の下でも、善管注意義務の内容が一義的に定まるわけではありませんが、行われた契約等の取引行為が有償であるか無償であるのか、または、当事者が契約を結んだ目的や契約締結までの経緯などを考慮して、これまでよりも柔軟に善管注意義務の内容・程度を判断できるようになると期待されています。

たとえば前述した中古車の事例では、その売買代金が高額であればあるほど、売主に課される善管注意義務の程度は重くなるといえます。

■ 選択債権について

「レースで優勝したら、A馬かB馬のどちらかを贈与する」というように、数個の給付の中から選択可能である数個の債権の目的を選択債権と呼びます。民法改正後も、選択債権の選択権が原則として債務者にあることは、改正前民法と同じです。前述の事例では、馬を引き渡す義務を負う贈与者が選択権者となるのが原則です。

もっとも、給付が行われる前に、すでにA馬が死亡している

善良な管理者の注意義務

その人の職業や社会的地位に応じて一般的に期待されている注意義務のこと。善管注意義務ともいう。一定の地位にある者は、その地位に応じて通常期待される程度の（善良な管理者としての）注意を尽くさなければならない。善管注意義務に違反した者には債務不履行責任が生じることになる。

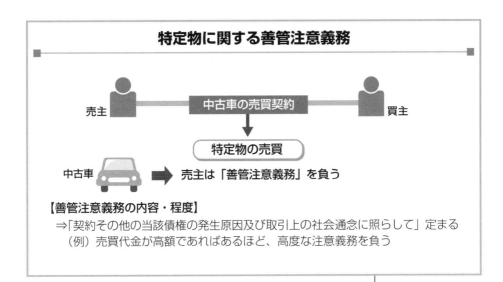

場合があります。この場合、改正前の民法は残りの給付に限定される、つまりB馬について債権が存続することを原則としていました。例外として、選択権を持たない者（債権者）の過失により給付が不可能になった場合には、残りの債権に限定されないと定めていました。

しかし、本来は選択権者の選択により給付内容が決定される選択債権の性質にもかかわらず、一方が給付不能である場合に、残った給付に限定されるという制度は、柔軟な解決を妨げるともいえます。そこで、改正民法では、一方が給付不能になったときは、その給付不能について選択権者の過失がある場合にのみ、残りの給付に限定される（残りの給付について債権が存続する）ことにしました（410条）。前述の事例では、A馬の死亡が贈与者の過失に基づく場合にのみ、B馬を贈与する旨の内容の契約が存続するという扱いになります。

> **残りの給付に限定されない場合**
> 一方の給付不能によっても残りの給付に限定されない場合、選択権者は契約を解除することができる。

PART3 2 履行請求権と債権の効力

債権総論

任意に債務を履行しない者に、債務の履行を強制することができる

■ 債権にはどんな効力があるのか

　債権は目的が達成されると（債権の満足といいます）消滅します。そのためには、債務者の行為が必要になります。債務者が債務の目的である行為（給付）をしてくれないときにはどうなるのでしょうか。まず、債権者は債務者に対して「債権の内容を実現してください」という債務の履行を請求できます。債務者が自ら履行をしない場合には、強制的に履行をさせることもできます。これを強制履行といいます。また、債務者が履行をしない場合や、履行はしたもののそれが不完全であって債権者に損害が発生した場合には、損害賠償を請求することができます。これらが、債権者が債務者に主張できる積極的な効力といえます。

　その一方で債権者はいったん契約をした以上は、一定の要件がない限り、その契約を解除することができません。

　債権にはこのような債権者を拘束する効力もあるのです。

■ 強制履行の方法

　債務が任意に履行されない場合について、民法414条1項は、民事執行法等の手続きに従い、以下のように履行の強制を裁判所に請求することができると定めています。

　債権者は原則として法の助力を得て債権の内容を強制的に実現することができます。その方法として、民法は3種類を認めています。なお、すべての債務に3種類の強制履行が認められるというわけではありません。たとえば、売買契約における目

強制履行に関する民法改正
改正前民法の下では、3種類の強制履行の手続きについても定めていた。しかし改正後の民法では、手続きの定めを民事執行法等に委ねて、民法では3種類の強制履行ができる旨を定めるにとどめた。

強制履行の方法

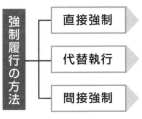

強制履行の方法
- 直接強制 — 国家機関が債権の内容を直接的・強制的に実現する
- 代替執行 — 第三者に債権の内容を実現させてその費用を国家機関が債務者から取り立てる
- 間接強制 — 債務の履行まで裁判所が債務者に対して一定の金銭の支払義務を課し債務者を心理的に圧迫して債権の内容を実現させる

的物引渡債務などのように、債務が与える債務である場合には、強制履行としては直接強制が行われることになります。これに対して、債務者に何らかの行為等を求める債務（行為債務）である場合には、債務者の人格を配慮する必要があるため、強制的意味合いが弱い代替執行や間接強制が認められます。

① **直接強制**

債務者の意思にかかわらず、国家機関が債権の内容を直接的・強制的に実現するものです。具体的には、債権の存在を証明する判決など（これを債務名義といいます）をもとに、裁判所に強制執行を申し立て、執行官に執行してもらうわけです。金銭の支払や物の引渡しなど与える債務に適しています。

② **代替執行**

第三者に債権の内容を実現させて、その費用を国家機関が債務者から取り立てる方法です。たとえば、債務者がすべき工事をしない場合に、他の業者にやらせて、かかった費用を債務者に請求するというものです。

③ **間接強制**

債務を履行するまでの間、裁判所が債務者に対して一定の金銭の支払義務を課すことによって債務者を心理的に圧迫して、間接的に債権の内容を実現させようとするものです。

行為債務に関する強制履行

本文記載のように、行為債務については、強制履行の方法として代替執行や間接強制が認められる。もっとも、歌手の出演契約などのように、債務者以外では債務の履行に値しない場合には、代替執行を認めることはできない。

間接強制の例

たとえば、画家との契約において、絵画の執筆を行わない画家に対して、絵を書かないと1日あたり1万円を支払う義務を課する場合が間接強制に該当する。

原始的不能

PART3-3 債権総論

契約締結時点で実現不可能な契約について債務の履行を請求することはできない

■ 何が問題なのか

たとえば、ある山林の売買契約を結ぶ場面を想定してみましょう。通常であれば、買主が購入したいと考える山林について、売買契約を結び、売主に対して代金を支払うと、売主から買主にこの山林の所有権が移転します。

ところが、この山林が売買契約を結んだ時点で、すでに山林の木々が焼失していた場合はどうでしょうか。この場合、存在しない山林についての売買契約となりますので、実現不可能な契約ということになります。

■ 原始的不能に関する取扱い

前述の事例のように、実現不可能な契約は「原始的不能」と呼ばれ、改正前民法の下では、明確な規定が存在しませんが、解釈上このような契約は無効であると扱われてきました。つまり、契約の有効要件として、契約の内容は実現可能なものでなければならず、原始的不能な契約は、この実現可能性を欠くため、契約自体が無効であると考えられたのです（105ページ）。

しかし、契約という形で給付を実現する約束が行われているにもかかわらず、契約が無効と扱われるということは、当然に契約から解放されることを意味します。当事者の合意で契約が結ばれたのに、条文の根拠なく解釈で当然にないものと扱うことには疑問が呈されていました。

ましてや、原始的不能に陥った原因が当事者の一方に存在するような場合には、契約が無効であると扱われるよりも、契約

原始的不能について

② 山林の売買契約締結

売主 ←-------×-------→ 買主

山林

買主は山林の引渡しを請求することはできない

① 契約締結前の焼失 ⇒ 原始的不能
「契約その他の債務の発生原因及び取引上の社会通念に照らして不能である」場合
◎ 履行が不可能であることに基づく損害賠償請求を行うことが可能

上の責任（債務不履行）として処理することの方が、実態に合った解決方法ということができます。そこで改正民法では、原始的不能の契約に関する規定が置かれています。

つまり、債権の基本的な請求権として、債務の履行を請求する権利（履行請求権）があることを前提に、債務の履行が「契約その他の債務の発生原因及び取引上の社会通念に照らして不能である」場合には、債権者は債務の履行を請求することができないことが明記されました（412条の2第1項）。したがって、前述の事例において、契約締結時点で焼失していた山林の売買契約をめぐり、買主は売主に対して、この山林を引き渡せとは請求することができません。

しかし、改正前の取扱いとは異なり、契約自体が無効になるのではなく、あくまでも原始的不能の契約は、その効力自体が否定されるわけではないとする点が重要です。

さらに、改正民法では、契約締結時点で実現不可能な債務の履行について、履行が不可能であることに基づく損害賠償請求を行うことができることを併せて規定しています（412条の2第2項）。

> **原始的不能の契約の取扱い変更**
> 改正後の民法は改正前の解釈と異なり、原始的不能の契約を有効（解除により効力が消滅するもの）と捉えて、債権者が履行請求できないことと、債権者による損害賠償請求の可能性を明記している。

PART3 4 法定利率の変動制と中間利息控除

債権総論

法定利率について3年ごとの変動制が採用される

■ 何が問題なのか

　法定利率とは、金銭の貸し借りなど、利息が発生する債権で、当事者が利率を定めずに契約した場合に適用される利率のことです。改正前の民法における法定利率は、近年のように預金や国債の利率が1％を大きく下回る非常に低い金利市場の実勢とは著しく乖離しており、高利であると批判されていました。そこで改正民法では、法定利率を施行時に年3％へ引き下げ、その後は市場金利の変動を踏まえ、3年ごとに1％刻みで見直す変動制を採用することにしました。

　改正により、3年ごとに法定利率が変わるとしても、具体的な債権に対する利息や遅延損害金は、基準時の利率が固定されるので、途中で利率が変わることはありません。つまり、①利息についてはその利息が生じた最初の時点における法定利率が、②遅延損害金については債務者が遅滞の責任を負った最初の時点における法定利率が、それぞれ基準時の利率となります。

　たとえば、4月1日に交通事故にあい、損害賠償金150万円が支払われたのが翌年の4月1日であった場合を考えてみましょう。4月1日時点での法定利率は3％、その後翌年の1月1日に法定利率が見直され2％となったとします。交通事故のような不法行為の場合、事故発生時点で遅延損害金が発生しますので、交通事故が発生した4月1日時点の法定利率である3％に固定され、その後変更があっても影響は受けません。

　したがってこのケースでは、150万円に対し150万円×3％の法定利率＝45000円の遅延損害金を付加した154万5000円を加

改正前民法における法定利率

改正前の民法では、契約当事者の双方が商人の場合は商法が適用され年6％の利率（商事法定利率）、一方が商人でなければ民法が適用され年5％の利率とされていた（民事法定利率）。改正民法の規定は、民事・商事の区別なく一律に適用されることになるので、商事法定利率は廃止される。

遅延損害金

契約に基づく履行が遅延した場合に支払われる賠償金を指す。債務不履行のうち、履行遅滞に基づく損害賠償金を遅延損害金という。遅延損害金に関しても、本文記載のように一定の利率が適用されるため、遅延利息と呼ばれることもある。

法定利率に関する民法改正

- **民事・商事の法定利率の一本化**
  → 商事法定利率に関する商法の規定を削除
- **法定利率を民法施行時は年3％に引き下げ**
  → 施行後は3年ごとに利率を見直し（変動制の採用）
- **利息債権や遅延損害金が基準時の利率で固定される**
  → 利息を支払う義務が生じた最初の時点の利率で固定される

害者は支払う必要があります。

■ **中間利息控除にも法定利率が適用される**

　法定利率が下がれば、それだけ受け取れる利息も減ることになりますが、逆に法定利率が下がることで、上がるものもあります。それが交通事故の被害者が受け取る保険金です。法定利率は、自動車保険の保険金の算出においても利用されており、法定利率が下がれば、逸失利益の額が大きくなり、その結果、被害者が受け取る保険金が増えることになります。

　逸失利益とは、交通事故などの不法行為や債務不履行にあわなかったら将来得られたであろう収入や利益のことです。将来の逸失利益を現段階で損害保険金や賠償金として一括して支払うには、逸失利益が得られるであろう時期までの利息相当分を控除する必要があります。これを中間利息控除といい、中間利息控除には法定利率が適用されています。法定利率が引き下げられれば、保険金や賠償金から差し引かれる中間利息も減るため、その分、被害者が受け取る保険金や賠償金の額が増加します。これまでも、判例により中間利息の控除額の算定に法定利率が適用されていましたが、民法改正で条文として明文化されることになりました（417条の2）。

ライプニッツ係数

中間利息控除に用いる数値がライプニッツ係数である。ライプニッツ係数の算出に法定利率が用いられるが、法定利率の数値が低いほどライプニッツ係数の数値が高くなる。その結果、受領できる保険金や賠償金の額が上昇する。

PART3 5 受領遅滞

債権総論

債権者が履行を受領しない場合の効果が明らかになった

■ 何が問題なのか

　たとえば、中古自動車の販売の場面で、契約締結後、買主が後日、売主の下に中古車を引き取りに行くという内容の取り決めがあったとしましょう。売主が、買主に引き渡すためのすべての準備を終えて、買主が引き取りにくるのを待っていても、一向に買主が現れず、買主がこの中古車の引き取りを拒否している場合、売主はいつまでたっても自分自身の債務の履行を完了することができない状態に置かれます。このように、債権者が債務の履行の受領を拒否することを受領遅滞といいます。

　受領遅滞に関して、条文から具体的な内容が読み取れないために、受領遅滞の責任の内容が議論されてきました。受領遅滞の法的性質をめぐり、法定責任と解釈する立場は、債務者が負う目的物の保管義務が軽減されると考えます。その一方で、受領遅滞を債務不履行と解釈する立場は、受領遅滞を原因とする契約の解除や損害賠償請求が可能であると考えます。このように解釈の対立があって債権者の責任の内容が明らかではなく、運用上の支障がありました。改正民法では、受領遅滞の責任の内容が明らかにされることになりました。具体的には、受領遅滞による効果が具体的に条文に盛り込まれることになり、以下の2つの効果が明示されました。

① 目的物の保存義務の軽減

　改正法は、債務の目的物が特定物の引渡しであるときは、債務者は、履行の提供をした時点から引渡しの時まで、自分自身の財産に対するのと同一の注意をして、その物を保存すればよ

改正前の民法における規定

改正前の民法では、債務者が履行の提供を行ったときから、債権者が「遅滞の責任を負う」と規定するのみで、債権者が負う受領遅滞の具体的な責任の内容は不明確であった。そのため本文記載のように、法的性質をはじめ様々な解釈が行われてきた。

債権者の受領義務

債務不履行説は債権者に受領義務があると解釈し、受領義務の不履行を理由に契約解除や損害賠償請求ができるとする。改正民法では受領義務が明文化されていないが、これを肯定する余地はあると考えられている。

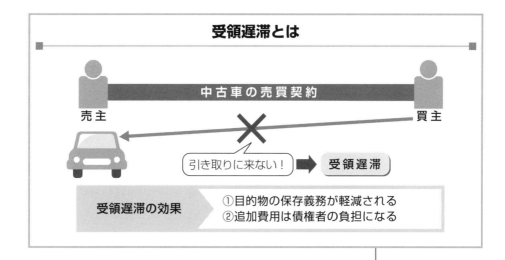

いと規定しています(413条1項)。前述した事例の中古車等は、物の個性に着目した特定物にあたり、原則として売主には善管注意義務という保管義務が課せられますが、債権者である買主が受領遅滞に陥った場合、この保管義務の程度が軽減されることが明らかになりました。

② 追加費用の負担に関して

債権者が受領遅滞に陥っている場合、目的物の保管等に必要な費用が、追加で必要になる場合があります。改正法は、追加費用等(増加額)は債権者が負担すべきものであることを明らかにしました(413条2項)。

改正民法の下では、債権者が受領遅滞に陥っている途中で、債務者に落ち度がない理由に基づいて、債務の履行が不可能(履行不能)になった場合、それは債権者の落ち度として扱われることが明文化されています(413条の2第2項)。つまり、履行遅滞に陥っている債権者は、契約の解除等を行うことができないということです(543条)。なお、改正民法の下でも、債権者に受領義務があることまでは明記されておらず、従来からの解釈上の争いが完全に払拭されたわけではありません。

PART3 6 債務不履行

債権総論

債務不履行の態様には3つの類型がある

■ 債務不履行になる場合

契約本来の趣旨に沿った内容が給付されない場合を、債務不履行といいます。改正前の民法の下でも、条文上明らかであったわけではありませんが、債務不履行の態様は、主に履行遅滞、履行不能、不完全履行という3つに分類して理解されてきました。それぞれの態様により取扱いが異なります。

① 履行遅滞

約束の期日が来ても、履行されない場合が履行遅滞です。履行遅滞では、「履行期」がいつ来るのかが重要になります。これに関して改正前民法は、①確定期限がある場合は、その期限が来たとき、②不確定期限がある場合は、その期限の到来を知ったとき、③期限の定めがない場合は、債権者から請求を受けたとき、と定めていました。改正民法は、従来からの解釈を条文に盛り込み、加えて不確定期限がある場合は、「債務者は、その期限の到来した後に履行の請求を受けた時又はその期限の到来したことを知った時のいずれか早い時」から遅滞の責任を負うとの規定に改められています（412条2項）。

② 履行不能

履行ができなくなった場合が履行不能です。履行不能については、改正法において条文が新設され、「債務の履行が契約その他の債務の発生原因及び取引上の社会通念に照らして不能である」場合を履行不能というと定義づけられました。

たとえば不動産の二重譲渡のケースで、買主の一方が移転登記を済ませた場合には、他方の買主の債務は履行不能になりま

代償請求権

履行不能に基づく損害賠償請求について、改正法では代償請求権に関する条文も新設された。代償請求権とは、債務が履行不能に陥ったときに、履行不能となったのと同じ原因により債務者が債務の目的物の代償となる利益を取得した場合に、債権者が債務者に対してその利益相当額の償還を求めることができる権利をいう。なお、代償請求権に関しては、債権者が自ら受けた損害額の限度で行使できるという制限がある。

不確定期限を定めた契約における履行遅滞について

たとえば「自分が死んだら」というように、契約等において不確定期限が定められていた場合に、改正前の民法では、期限の到来したことを知った時から遅滞の責任を負うと定められていた。もっとも解釈により、期限到来後に履行の請求を受けた場合も、それ以後は履行遅滞の責任を負うと考えられていたため、この解釈を改正民法で条文化した。

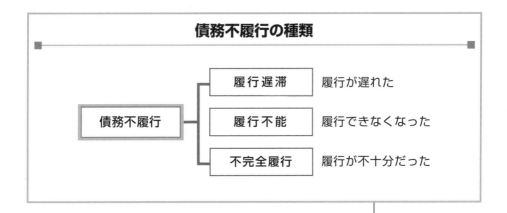

す。履行不能は、履行期が来なくても起こり得ます。さらに改正法では、履行不能の場合に債権者は履行請求ができないこと、そして、契約締結時に債務が実現不可能な場合（原始的不能）も損害賠償請求ができる余地があることが明示されました。

また、履行不能の場合には、履行請求の代わりに損害賠償を行うことがあり、改正前の民法において条文に記載はされていませんでしたが、解釈により運用されていました。このような損害賠償は填補賠償と言われていますが、履行不能の場合に填補賠償ができることも、民法改正により条文化されています。

③ 不完全履行

一応、履行されるにはされたのですが、どこか足りない部分があるという場合が不完全履行です。これは、履行遅滞と履行不能以外で「債務の本旨に従った履行をしない」（完全履行でない）場合がすべて含まれます。給付された目的物が不完全な場合は、それを完全なものにできるのであれば、債権者としてはまず、債務者に「追完」（履行を追加して完全履行とすること）を請求すればよいでしょう。追完が不能であれば、損害賠償を請求するか、契約解除をするしかありません。

> **履行不能の定義等**
> 民法412条の2第1項〜第2項で規定している。

> **不完全履行において他に損害が及んだ場合**
> たとえば、新たに給付されたヒヨコが病気だったために、他のヒヨコにも移ってしまったというような場合、不完全履行が原因になって損害が発生している。この場合は、不法行為に基づく損害賠償請求が可能と考えられている。

PART3 7 債務不履行と損害賠償請求

債権総論

不履行の事実があれば損害賠償請求権を行使できる

■ 債務不履行の効果としての損害賠償請求

たとえば、オーダーメイドの洋服の製作を依頼する請負契約が締結され、契約の中で4月1日が納期とされていたにもかかわらず、納品が間に合わず、納期が3日遅れたという場合を考えてみましょう。

請負人は元々の契約で定めた期日を守っていないため、契約に違反したことになり、債務不履行に陥っているといえます。とくに前述の事例のように、本来の納期より遅れて納品をしているため、この種の債務不履行は履行遅滞に該当します。

債務不履行があった場合、債務不履行を受けた当事者は、契約を解除するとともに、相手方に対して損害賠償請求を請求することが可能です。

■ 債務不履行に基づく損害賠償請求のための要件

債務不履行に基づく損害賠償請求の要件については、債務不履行の事実の存在が必要であるのはもちろんですが、改正前の民法は、「債務者の責めに帰すべき事由によって履行をすることができなくなったとき」に損害賠償請求ができると規定していました。そこで、履行不能に限らず債務不履行全般について、債務者の落ち度（帰責事由）により債務不履行に陥ったことが要件として必要であると解釈されていました。

改正法の下でも、債務不履行に基づく損害賠償請求を行うための要件として、債務不履行の事実が存在することが必要である点は、改正前と同じです。また、債務者の落ち度については

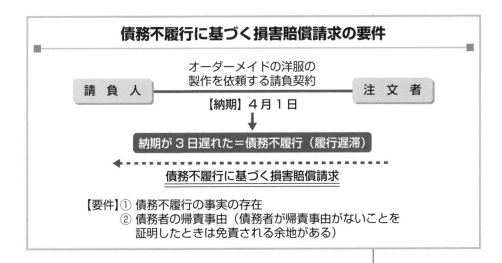

　債権者が債務者の落ち度を証明することを要せず、債務者が自らに落ち度がない旨を証明すべきと解釈されていました。債務不履行の事実は債務者が発生させたものなので、債務者に対して落ち度がない旨を立証させる責任を負わせるのが、当事者の公平に資すると考えたからです。しかし、改正前の民法の条文では、このことが必ずしも明確になっていませんでした。

　そこで、債務者が損害賠償責任を免れる事由（免責事由）として、債務者が「債務の不履行が契約その他の債務の発生原因及び取引上の社会通念に照らして債務者の責めに帰することができない事由」を立証すべきことを明確にしました（415条1項ただし書）。たとえば前述の事例において、オーダーメイドの洋服を搬送中に、大地震による通行止めに遭って納品が遅れた場合は、債務者である請負人が最善を尽くしても納品の遅滞は不可避であったため、免責事由が認められると思われます。

　したがって改正法の下では、債務不履行に基づく損害賠償請求を行うための要件は、基本的に債務不履行の事実の存在のみで足り、債務者の帰責事由については、債務者が自らに帰責事由がない旨の証明をした場合に責任を免れることができます。

金銭債務は免責不可

改正前と同様に、金銭債務の不履行はそれが不可抗力でも履行遅滞の責任を免れない（419条3項）。よって、債務者は自らに帰責事由がないのを証明しても、金銭債務の不履行について履行遅滞の責任を負う。

損害賠償の範囲や過失割合

PART3 8
債権総論

債務者が予見すべき事情は特別損害として賠償の範囲に含まれる

■ 損害賠償の範囲についての変更

債務不履行に基づく損害賠償請求権については、要件の他にも問題点があります。それが、生じた損害のどの範囲についてまで賠償の対象に含まれるのかという問題です。

たとえば、1000万円の建物の売買契約を結んだ買主が、売主から購入した後に、第三者に対して1500万円で売却する予定であったとします。しかし、売主の不注意で引き渡す前に建物を焼失させた場合、売主は債務不履行責任を負い、買主に対して損害賠償責任を負担します。この場合、賠償を請求できる損害額は、建物の価格である1000万円なのか、または、転売により取得するはずであった1500万円なのかという問題です。

改正前の民法の下では、債務不履行に基づく損害賠償の範囲は、債務不履行により、①通常生ずべき損害（通常損害）であるとし、②特別の事情によって生じた損害（特別損害）についても、当事者（とくに賠償責任を負う者）が、その事情を予見し、または予見し得た場合には損害賠償の範囲に含まれると規定していました。改正後も、①通常損害については同様に損害の範囲に含まれ、②特別損害については、「当事者がその事情を予見すべきであったとき」は賠償の範囲に含まれると表現が改められています（416条）。

前述の建物の売買契約の事例では、1000万円は通常損害として認められると考えられます。一方で、転得の利益である500万円は特別損害であると考えられ、損害賠償の範囲に含まれるか否かは、当事者（とくに売主）が、取引の実情等から、転得の

特別損害に関する債務者の予見について
民法は、予見すべきであるか否かについて、取引の実情等に応じて個別具体的に判断するという姿勢を示している。

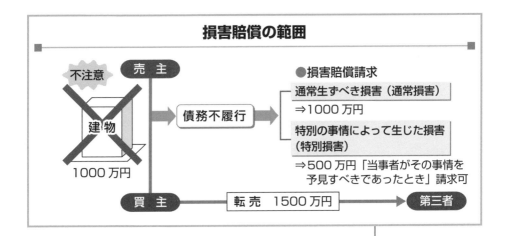

可能性について予見すべきであるといえるか否かで決まります。

■ 過失相殺について

損害賠償の額を決めるにあたって、債権者側に過失がある場合には、これを考慮して賠償額を減額し、または賠償自体を否定する運用が行われています。これを過失相殺といいます。改正後の民法は過失相殺について、「債務の不履行又はこれによる損害の発生若しくは拡大に関して債権者に過失があったとき」に認められると規定しています（418条）。

過失相殺が 認められる場合
改正民法では、単に債務不履行そのものに過失がある場合だけでなく、債権者側に、債務不履行による損害の発生・拡大について過失が認められる場合にも、過失相殺として扱われることが明記されている。

■ 賠償額の予定について

債務不履行があった場合の損害賠償額について、あらかじめ当事者間で取り決めておくことがあります。これを賠償額の予定といいます。改正前の民法において、賠償額の予定がある場合には、裁判所は賠償額の増減を行うことができないと規定していました。しかし、当事者間の定めが公序良俗に反するような場合には、改正前民法の規定にもかかわらず、賠償額の調整は行われていたため、改正法では、裁判所による増減の禁止に関する文言が削除されました。

PART3 9 責任財産の保全

債権総論

債権者代位権と詐害行為取消権という2つの手段がある

■ 責任財産の保全

債権は、いくら法律上の権利があっても、その内容を債務者が実行してくれなければ実現できません。

担保をとっていない債権者を一般債権者といいます。債務者の財産が十分にあれば、仮にもつれて強制履行ということになっても、一般債権者の債権は回収できるでしょう。しかし、一般債権者があてにする債務者の財産は、そのときどきの状態によって、増えたり減ったりします。仮に債務者が複数の債権者に対して債務を負っている場合（多重債務者）、まず抵当権等の担保をとっている債権者が、その担保を実行して自己の債権を回収します。この段階で、債務者の財産がすべてなくなってしまえば、残りの債権者は債権を回収することができません。残りの財産がある場合、一般債権者の債権を実現する原資となるべき債務者の財産の総体を責任財産といいます。

民法は、債務者の責任財産を保全するために、債権者代位権と詐害行為取消権という2つの手段を債権者に与えています。

■ 債権者代位権とは

債権者代位権とは、債務者が自己の権利（被代位権利）を行使しようとしない場合に、債権者が自己の債権を保全するために債務者に代わって被代位権利を行使して、債務者の責任財産の維持・充実を図る制度です（423条）。債権者は債務者の代理人としてではなく、自分自身のために、債務者になり代わって被代位権利を行使するわけです。たとえば、A（債権者）がB

一般債権者
抵当権などの担保物権を持たない債権者。

責任財産
強制執行の対象となる物や権利で、一般債権者の共同担保となる財産。

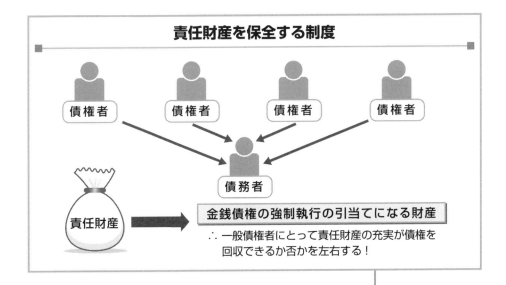

(債務者)に100万円を貸し付けましたが(被保全債権)、返済日を過ぎてもBが返済しないとします。この場合、BのC(相手方)に対する100万円の売買代金債権(被代位権利)を、AがBに代わって行使するのが債権者代位権です。

■ 詐害行為取消権とは

債権者は、債務者の行為が責任財産を減少させ、債権者を害することを知って行った行為(詐害行為)の取消を裁判所に請求することができます(424条)。債権者は債務者による詐害行為を取り消し、失った財産を責任財産の中に戻すことができるのです。

詐害行為取消権とは、債権者代位権と同じく責任財産の保全を趣旨とします。たとえば、A(債権者)がB(債務者)に100万円を貸与したが(被保全債権)、返済日を過ぎてもBが返済しない場合、Bが唯一の財産である土地をC(受益者)に売却した行為について、AがBC間の売買契約の取消しを裁判所に請求するのが詐害行為取消権です。

PART3 10 債権者代位権の要件や行使方法

債権総論

他人の権利を行使する点で一定の制約がある

■ 債権者代位権の要件

債権者代位権の行使が認められるための要件は、以下の4つです。

① 被保全債権を保全する必要性がある

被保全債権が金銭債権であるときは、債務者が無資力（債務超過）であること、つまり債務者の資力が債権者の債権を弁済するについて十分でないことが必要です（無資力要件）。

これに対し、登記請求権など金銭債権以外の債権を被保全債権とする債権者代位権の場合は、無資力要件が不要と解されており、これを「転用型」の債権者代位権といいます。一方、無資力要件を必要とする債権者代位権を「本来型」の債権者代位権といいます。

改正後の民法は、転用型のうち登記（登録）請求権の代位行使に関する判例の見解を条文化しました。つまり、登記（登録）が権利の得喪・変更の第三者対抗要件である財産（不動産・特許権など）を譲り受けた者は、譲渡人が第三者に対する登記（登録）請求権を行使しないときは、その請求権を行使できます（423条の7）。

② 被保全債権・被代位権利の期限の到来

保全すべき債権が履行期にあることが、当然必要になります。

債権を行使できるのは期限到来後ですので、被保全債権と被代位権利の期限の到来が要求されます（423条2項本文）。ただし、期限未到来でも保存行為（時効の完成猶予など）の代位行使は可能です（423条2項ただし書）。

被代位権利についての債務者自身の取り立て行為等

債権者代位権に関して、改正法は、基本的には判例・通説を条文に取り入れた。しかし「債権者が被代位権利を行使した場合であっても、債務者は、被代位権利について、自ら取立てその他の処分をすることを妨げられない」（423条の5）という規定は、改正前民法の下での判例の考え方とは異なるものである。

裁判上の代位

改正前民法では、期限未到来でも裁判上の代位を可能とする規定があった。しかし実際に利用されるケースが皆無であったため、削除された。

③ **被代位権利が一身専属権や差押禁止権利にあたらない**

　一身専属権は権利者のみが行使できる権利ですので、代位行使の対象外としています。また、差押禁止権利も代位行使の対象外です（423条1項ただし書）。

④ **被保全債権が強制執行で実現不可能でない**

　被保全債権が強制執行で実現不可能である場合は代位行使ができません（423条3項）。債権者代位権は強制執行の準備としての性質があり、強制執行ができない債権を保全するために代位行使を認めるのは不適切であるためです。

> **一身専属権**
> 行使できる者が限られている権利のことで、他人に権利を移転できない性質を有する。身分法（婚姻関係や親子関係に関する法律）で認められている権利の多くが一身専属権である。扶養請求権（877条）や夫婦間の契約取消権（754条）などがこれにあたる。

■ 債権者代位権の行使

　債権者代位権の行使にあたり、他人の権利を行使する点を考慮して、一定の制約が課せられています。

① **代位行使の範囲・方法**

　被代位権利が可分（金銭債権が原則可分です）のときは、債権者は、被保全債権の額を上限として被代位権利の行使ができます（423条の2）。また、被代位権利が金銭の支払いまたは動産の引渡しを目的とするときは、債権者は相手方に対し、支払いや引渡しを自己にすることを請求できます（423条の3）。

② **相手方の抗弁**

　債権者代位権の行使があった場合、相手方は、債務者に主張できる抗弁（同時履行の抗弁権など）をもって、債権者に対抗できます（423条の4）。

③ **訴えによる債権者代位権の行使**

　債権者が代位訴訟（被代位権利の行使に係る訴訟）を提起した場合は、債務者に遅滞なく訴訟告知をしなければなりません（423条の6）。代位訴訟の結果（確定判決の効力）は債務者にも及ぶ（民事訴訟法115条1項2号）ことから、債務者が代位訴訟に参加する機会を与えることを趣旨とします。

PART3 11 詐害行為取消権の要件等

債権総論

原則として詐害行為と詐害意思などが必要である

■ 相手方に応じた別個の要件を新設

詐害行為取消権に関して、改正後の民法は、受益者（債務者からの権利取得者）を相手方とする場合と、転得者（受益者からの権利取得者）を相手方とする場合とで、その要件を別個に規律しています。債務者の直接の相手方ではない転得者は、一般に債務者の経済状況を知る立場にないなど、受益者とは置かれている状況が異なるからです。

■ 受益者に対する詐害行為取消権の一般的要件

受益者に詐害行為取消請求をするための一般的要件は、以下の5つです。

① **詐害行為**

詐害行為とは、債務者が「債権者を害する行為」をすることです。具体的には、債務者が自己の財産を故意に減少させ、その資力を債権者の債権を弁済するについて十分でない状態（債務超過）に陥らせることです（無資力要件）。本来型の債権者代位権の無資力要件と類似していますが、債務者が自らの行為で自らを無資力にさせることが詐害行為の特徴です。なお、改正前は「債権者を害する法律行為」と規定していましたが、法律行為以外の行為（弁済など）も詐害行為となり得るため、「債権者を害する行為」（424条1項本文）と規定されています。

② **詐害意思**

詐害意思とは、詐害行為の時に、債務者と受益者の双方が、債権者を害する事実を知っていたことをさします（424条1項）。

詐害行為取消権の改正点の特徴

改正前と比べて条文数が大幅に増えているが、その多くは判例・通説を条文に取り入れたものである。しかし、転得者に対する詐害行為取消権の要件、詐害行為の取消しの効果など、判例・通説の見解を大きく変更した点もある。

受益者に対する詐害行為取消権の一般的要件

- **詐害行為（債務者が債権者を害する行為）**
  → 債務者が自己の財産を減少させて、自らを債務超過に陥らせる（無資力要件）
- **詐害意思（債権者を害する事実を知っている）**
  → 債務者と受益者の双方が債権者を害する事実を知っていることをさす
- **財産権を目的とする行為**
  → 離婚・認知・養子縁組・相続放棄などの身分上の行為は対象外となる
- **被保全債権が詐害行為前に生じた**
  → 被保全債権が詐害行為前の原因に基づいて生じたものであることを要する
- **被保全債権が強制執行で実現不可能でない**
  → 強制執行ができない債権を対象とするのは不適切

③ 財産権を目的とする行為

財産権を目的としない行為については、それが債権者を害するとしても詐害行為取消請求ができません（424条2項）。財産権を目的としない行為とは、婚姻・離婚・認知・養子縁組・相続放棄といった身分上の行為のことをさします。

④ 被保全債権が詐害行為前に生じたこと

改正後の民法では、債権者は、被保全債権が詐害行為前の原因に基づいて生じたものである場合に限り、詐害行為取消請求ができるとの判例の見解を条文化しています（424条3項）。被保全債権の発生前、つまり債権者・債務者間で法律関係が生まれる前の行為にまで詐害行為取消請求を認めるのは、債務者の行為に対する債権者の過大な干渉といえるからです。

⑤ 被保全債権が強制執行で実現不可能でないこと

債権者代位権と同一の趣旨（125ページ）から、債権者は、被保全債権が強制執行により実現できないときは、詐害行為取消請求ができないとの規定が追加されました（424条4項）。

■ 受益者に対する詐害行為取消権の特則

次に受益者に対する詐害行為取消権の特則（例外）について見ていきましょう。

① **相当価格処分行為の特則**

たとえば、債務者が時価1000万円の不動産を受益者に売却して代金1000万円を得た場合などの相当価格処分行為については、債権者は、以下の要件を満たす場合に限り、詐害行為取消請求ができます（424条の2）。

ⓐ 相当価格処分行為によって、債務者が換価した金銭などについて隠匿等の処分（隠匿・無償供与などの債権者を害する処分）をするおそれが現に生じている（詐害行為の特則）

相当価格処分行為は原則として債務者による正当な権利行使ですので、詐害行為にあたる場合を限定しています。

ⓑ 相当価格処分行為の当時、債務者が対価として取得した金銭などについて隠匿等の処分をする意思を有しており、受益者がその意思を知っていた（詐害意思の特則）

相当価格処分行為が詐害行為にあたる場合を限定したことに合わせて、詐害意思が認められる場合も限定しています。

② **担保供与等行為の特則**

たとえば、債務者が受益者のために抵当権を設定し、または受益者に債務を弁済するなど、担保供与等の行為については、債権者は、以下の要件を満たす場合に限り、詐害行為取消請求ができます（424条の3）。

ⓐ 債務者が支払不能の時に担保供与等行為が行われた（詐害行為の特則）

なお、「債務者の義務に属せず、又はその時期が債務者の義務に属しない」担保供与等（代物弁済、期限前弁済など）の場合は、債務者が支払不能になる前30日以内に担保供与等の行為を行ったことが要件となります。

ⓑ 債務者と受益者とが通謀して他の債権者を害する意図で担

受益者に対する詐害行為取消権
改正前からとくに問題とされてきた、①相当の対価を得てした財産の処分行為、②特定の債権者に対する担保の供与等、③過大な代物弁済等について、判例・通説の見解および破産法との整合性を踏まえた特則が設けられている。なお、特則で修正されていない一般的要件はそのまま適用される。

相当価格処分行為
債務者が、その有する財産を処分する行為をした場合において、受益者から相当の対価を取得している行為。

担保供与等の行為
債務者がした既存の債務についての担保の供与又は債務の消滅に関する行為。

支払不能
債務者が支払能力を欠くために弁済ができない状態をいう。

支払不能の時の担保供与等について
本文記載の、支払い不能時における詐害行為の特則は、破産法上の否認権との整合性を図ったものとされている。

受益者に対する詐害行為取消権の特則

1 相当価格処分行為の特則
・債務者が換価した金銭などについて隠匿等の処分のおそれ（詐害行為の特則）
・相当価格処分行為の当時、債務者が対価として取得した金銭などについて隠匿等の処分をする意思を有しており、受益者がその意思を知っていた（詐害意思の特則）

2 担保供与等行為の特則
・債務者が支払不能の時に担保供与等行為が行われた（詐害行為の特則）
・債務者と受益者とが通謀して他の債権者を害する意図で担保供与等行為が行われた（詐害意思の特則）

3 過大な代物弁済等の特則

保供与等行為が行われた（詐害意思の特則）

担保供与等行為は正当な義務行使ですので、債権者を害する事実の他、通謀して債権者を害する意図が必要です。

③ **過大な代物弁済等の特則**

たとえば、債務者が1000万円の貸金債務の弁済として、受益者に時価1500万円の不動産を代物弁済した場合など、「債務者がした債務の消滅に関する行為であって、受益者の受けた給付の価額がその行為によって消滅した債務の額より過大である」場合は、一般的要件を満たすときに、消滅した債務額以外の部分について詐害行為取消請求ができます。つまり、消滅した1000万円分（債務額）以外の残り500万円分につき詐害行為取消請求が認められます。

■ 転得者に対する詐害行為取消権の要件

転得者に対して詐害行為取消請求をする場合は、その前提として、受益者に対して詐害行為取消請求ができることが要件になります（424条の5）。とくに重要になるのが、受益者に詐害意思のあることが必要になるということです。

> **転得者に対する詐害行為取消権の行使**
> 受益者に対して詐害行為取消請求ができる場合において転得の当時、債務者の行為が債権者を害することを転得者が知っていたときに、転得者に対する詐害行為取消請求が認められる（424条の5第1号）。なお、改正前の民法の下では、受益者に詐害意思がなくても、転得者による詐害行為取消請求が認められていたのと比較すると、改正後は改正前よりも、転得者に対する詐害行為取消権の要件が厳しくなったといえる。

詐害行為取消権の行使等

転得者に対して詐害行為取消権を行使できる場合がある

債権総論

■ 詐害行為取消権の行使

詐害行為取消権の法的性質をめぐり、改正前より、法律行為の取消しに主眼を置く形成権説と、取消し自体ではなく逸失した財産を取り戻すことが重要であるという請求権説の争いがありました。改正民法では基本的には判例の見解である「折衷説」（形成権説と請求権説の中間的な見解）が条文化されています。

① 詐害行為取消権の行使方法

債権者は、詐害行為取消請求において、債務者がした行為の取消しとともに、受益者・転得者が取得した財産の返還（返還困難な場合は価額の償還）をあわせて請求できます（424条の6）。そして、詐害行為取消請求に係る訴えの被告は受益者・転得者であって、債務者は被告となりません（424条の7第1項）。なお、訴えを提起した債権者は、遅滞なく債務者に訴訟告知をしなければなりません（424条の7第2項）。

② 詐害行為取消権の行使期間

詐害行為取消請求に係る訴えを提起できるのは、詐害行為の事実を債権者が知った時から2年間、かつ詐害行為の時から10年間です（426条）。

③ 詐害行為の取消しの範囲

取消しの範囲は判例の見解を採用しています。詐害行為の目的が可分（金銭債務の弁済など）である場合または価額の償還を請求する場合、債権者は、自己の債権額の限度でのみ詐害行為取消請求ができます（424条の8）。また、受益者・転得者に

不動産の引渡し

不動産の売却などが詐害行為である場合、債権者は、債務者名義への登記回復を請求できるにとどまる。債権者自身への不動産の引渡しは請求できない。

	詐害行為取消権の行使・詐害行為の取消しの効果
行使方法	①詐害行為の取消しと、受益者（転得者）が取得した財産の返還を請求する ②受益者（転得者）が被告となり、債務者は被告とならない ③訴えを提起した債権者は債務者に訴訟告知をする
行使期間	詐害行為を知った時から２年間かつ詐害行為時から10年間 ［改正前］取消原因を知った時から２年間かつ詐害行為時から20年間
取消しの範囲	①詐害行為の目的が可分（金銭債権など）の場合や価額の償還を請求する場合、債権者は自己の債権額の限度で詐害行為取消請求ができる ②債権者は直接自己に対する金銭支払いまたは動産引渡しを請求できる
取消しの効果	詐害行為取消請求を認容する確定判決は、訴訟当事者・債務者・全債権者に効力が生ずる ［改正前］債権者と受益者（転得者）との間でのみ効力が生ずる

金銭の支払い（価格の償還を含む）または動産の引渡しを請求する場合、債権者はその支払いまたは引渡しを自己に直接することを請求できます（424条の９）。

■ 詐害行為の取消しの効果

　改正前の民法の下では、詐害行為取消権の行使が認められた場合、その効果は、債権者と受益者・転得者との間で相対的に生じるにすぎず、債務者や他の債権者には取消しの効果が及ばないとするのが判例の見解でした（相対的取消し）。

　これに対して、改正後の民法の下では、詐害行為取消請求を認容する確定判決は、訴訟の当事者に加えて「債務者およびそのすべての債権者」に対しても効力が生じます（425条）。なお、転得者を被告とした場合、その前者（受益者など）には取消しの効果が及びません。

PART3 13 多数当事者の債権債務

債権総論

ひとつの債権に債権者や債務者が複数いる場合がある

■ 多数当事者の債権債務とは

契約などによって発生する債権や債務においては、債権者1人かつ債務者1人ということが多いですが、債権者または債務者が複数となる場合もあります。このような場合を多数当事者の債権関係（多数当事者の債権債務）といいます。債権関係といっていますが、もちろん債務関係でもあります。

多数当事者の債権関係には、1台の車を数人で購入する、マンションを共同で借りる、数人でお金を借りるなど、いろいろな場合が考えられます。民法は、多数当事者の債権関係については、分割債権・分割債務を原則としています。

債権者は、それぞれの債務者の負担割合だけしか請求できないし、債務者の方も、自分の負担割合だけを支払えばよいというのが分割債権・分割債務です。負担割合が不明なときだけ均等な割合となります。中には、性質上分割できない場合もあります。たとえば友人と共同で購入した競走馬を誰かに売る場合は、バラバラにして競走馬を引き渡すわけにはいきません。この場合は不可分債権・不可分債務となります。

またAB2人で100万円借金をしたときに、2人とも同一内容の債務（100万円の返済債務）を負うが、一方が支払った分だけ債務額が減る場合（Aが70万円返済すればAもBも残り30万円を支払えばよい）を連帯債務といいます。どちらかが払ってくれればよく、払った分だけ他方の債務額も減り、AB間の調整（求償）は自分たちでしてくれ、というものです。もしAが破産などによって無資力になればBが債務を全部かぶります

分割債権・債務

分割債権・債務（427条）については、従来からの変更点がないため、本書ではとくに言及していない。

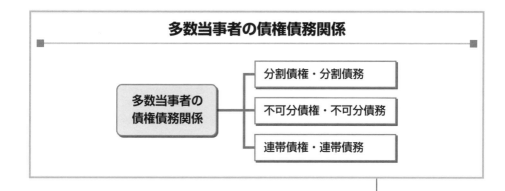

から、まさに「連帯」ということができます。

　改正民法では、以上の他に「連帯債権」を加えました。その上で、①債権・債務の目的が性質上可分なものが分割債権・分割債務、②債権・債務の目的が「性質上不可分」なものが不可分債権・不可分債務、③債権・債務の目的が「性質上可分であるが法令の規定や当事者の意思表示により連帯して債権・債務を有する」のが連帯債権・連帯債務、という形で多数当事者の債権関係を整理しました。この用語の整理により、性質上可分な債権・債務を当事者の意思表示で不可分債権・債務にはできなくなり、この場合は連帯債権・債務とすべきことになったのがポイントです。

■ どんな機能を果たしているか

　多数当事者の債権関係は、当事者を複数おくことによって達成できる機能があります。たとえば、債務者が1人だけのときには、その債務者が無資力になってしまうと債権が実現できなくなります。もしその場合に、同じ債権について同じように義務を負う債務者がもう1人いれば、債権者はその債務者から債権を回収することができます。このように、とりわけ債務者が複数いる場合には、債権者にとってみれば、債権の担保（人的担保）があることになり、有利なのです。

連帯債権・連帯債務・不可分債権・不可分債務

PART3 14 債権総論

数人が連帯して債権・債務を負担する場合の規律

■ 連帯債務とは

　連帯債務とは、債務の目的が性質上可分である場合に、法令の規定または当事者の意思表示によって、数人（連帯債務者）が連帯して債務を負担することをいいます。改正後の民法では、連帯債務となり得る債務を「債務の目的が性質上可分である場合」に限定したため、性質上不可分な債務はすべて不可分債務となります。ある債務が連帯債務である場合、債権者は、①連帯債務者の１人に対し、全部または一部の履行を請求してもよいし、②同時または順次にすべての連帯債務者に対し、全部または一部の履行を請求することもできます（436条）。

　たとえば、ＡがＢＣに対し100万円を貸し付けた際、ＢＣがＡに対して連帯して返済義務を負担する旨を合意した場合、Ａは、Ｂだけに対し100万円の返済請求ができますし、ＢＣに対し同時に100万円の返済請求もできます（Ａが受領権限を有するのは100万円だけです）。そして、連帯債務者の負担部分は、連帯債務者間の特約がある場合を除き「等しい割合」です。

■ 連帯債務の絶対的効力の範囲

　多数当事者の債権債務において、絶対的効力（絶対効）とは、債権者・債務者の１人に生じた事由が、他の債権者・債務者にもその効力が及ぶことをいいます。

　改正前民法では、連帯債務者の１人に生じた事由について、①履行の請求、②更改、③相殺等、④免除、⑤混同、⑥時効の完成に絶対的効力を認めていました（改正前民法434条〜439

相対的効力

本文記載の絶対的効力に対して、絶対的効力を否定するのが相対的効力（相対効）である。つまり、債権者・債務者の１人に生じた事由が、他の債権者・債務者にその効力を及ぼさないことをいう。絶対的効力に掲げられていない事由は相対的効力にとどめられる（441条）。

多数当事者の債権・債務

【連帯債権・連帯債務】

- **連帯債権** → 債権の目的が性質上可分である場合、法令の規定または当事者の意思表示で数人（連帯債権者）が連帯して債権を有すること
- **連帯債務** → 債務の目的が性質上可分である場合に、法令の規定または当事者の意思表示により数人（連帯債務者）が連帯して債務を負担すること

【不可分債権・不可分債務】

- **不可分債権**
- **不可分債務** ： 原則として連帯債権・連帯債務に関する規定が準用される

条）。しかし、絶対的効力は債権者に不利益となる場面が多いため、改正後は、②更改、③相殺等、⑤混同に絶対的効力が限定されました（438条〜440条）。ただし、債権者と他の連帯債務者の１人が別段の意思表示（合意）をしたときは、他の連帯債務者に対する効力はその意思に従います。

たとえば、ＢＣがＡに対し100万円の連帯債務を負担する場合、ＡがＢに返済請求をしても、Ｃに返済請求をしたことにはならず、時効の完成猶予などの履行の請求の効果はＢのみに生じます。一方、Ｂが相続によりＡを相続したときは、混同（債権者と債務者が同一人Ｂに帰属する）によるＢの連帯債務の消滅の効果がＣにも及びます。

また、③相殺等に関しても、まず、ⓐ連帯債務者の１人が債権者に対して債権（反対債権）を有する場合、当該連帯債務者が相殺を援用したときは、反対債権がすべての連帯債務者の利益のために消滅します（439条１項）。

一方、ⓑ反対債権を有する連帯債務者が相殺を援用しない間は、当該連帯債務者の負担部分の限度で、他の連帯債務者は、債権者に対して連帯債務の履行拒絶ができます（439条２項）。

連帯債務と相殺
改正前民法は、他の連帯債務者による相殺の援用で連帯債務を消滅させる制度であったが（改正前民法436条２項）、改正法の下では、従来の通説の見解であった履行拒絶の制度に変更された。

■ 連帯債権

連帯債権とは、債権の目的が性質上可分である場合、法令の規定または当事者の意思表示で数人が連帯して債権を有するものです。改正後の民法の下では、当事者の意思表示による不可分を不可分債権とすることができなくなったため（133ページ）、このような債権を連帯債権に含めて規律することになります。

ある債権が連帯債権である場合、各債権者は、すべての債権者のために全部または一部の履行を請求することができ、債務者は、すべての債権者のために各債権者に履行ができます（432条）。そして、連帯債権者の持分は、連帯債権者間の特約がある場合を除き「等しい割合」となります。たとえば、ＡＢがＣに対し100万円を貸し付けた際、ＡＢの貸付債権を連帯債権とする旨を合意した場合、ＡはＣに100万円の返済請求ができますし、ＣはＡだけに100万円の返済ができます。

■ 連帯債権者の１人に生じた事由の効力

連帯債権の場合、連帯債権者の１人に生じた事由は、「履行の請求、更改、免除、相殺等、混同」につき絶対的効力（絶対効）を認めるのに対し、その他の事由は、他の連帯債権者には影響せず、相対的効力にとどまります（435条の２）。なお、他の連帯債権者の１人と債務者が別段の意思表示をしたときは、その意思に従います。

① 履行の請求（432条）

各債権者が「すべての債権者のために」履行を請求できます。よって、連帯債権者の１人による履行の請求の効果（時効の完成猶予など）が、他の連帯債権者にも及びます。

② 更改・免除（433条）

連帯債権者の１人と債務者との間に更改・免除があった場合、他の連帯債権者は、当該連帯債権者の持分（権利を失わなければ分与されるべき利益）について履行を請求できなくなります。

多数当事者の1人に生じた事由の効力

事　由	連帯債務者の 1人に生じた場合	連帯債権者の 1人に生じた場合	不可分債務者の 1人に生じた場合	不可分債権者の 1人に生じた場合
履行の請求※	相対的効力	絶対的効力	相対的効力	絶対的効力
更改	絶対的効力	絶対的効力	絶対的効力	相対的効力
相殺等	絶対的効力	絶対的効力	絶対的効力	絶対的効力
免除	相対的効力	絶対的効力	相対的効力	相対的効力
混同	絶対的効力	絶対的効力	相対的効力	相対的効力
時効の完成	相対的効力	相対的効力	相対的効力	相対的効力

※履行の請求による時効の完成猶予・更新も含む

　たとえば、ＡＢがＣに対し100万円の連帯債権（持分は均等）を有する場合、ＡがＣの債務を免除すると、50万円分は免除の絶対的効力で請求できなくなるため、ＢはＣに対し残り50万円の請求のみができます。

② **相殺等（434条）**

　債務者が連帯債権者の1人に対して債権（反対債権）を有する場合、債務者が相殺を援用したときは、他の連帯債権者にも相殺の効力が生じます。つまり、相殺の援用により対当額で消滅した分だけ、他の連帯債権者の債権も消滅します。

④ **混同（435条）**

　連帯債権者の1人と債務者との間に混同があった場合、債務者は弁済をしたと扱われ、他の連帯債権者にも効果が及びます。

■ **不可分債権・不可分債務**

　不可分債権については連帯債権の規定が、不可分債務については連帯債務の規定が、それぞれ準用されます（428条、430条）。

> **不可分債権・不可分債務**
>
> 本文記載のように、連帯債権・連帯債務の規定が準用されるのが原則である。しかし、不可分債権の場合、連帯債権の「更改・免除・混同の絶対的効力」に関する規定（433条、435条）は準用されない。また、不可分債務の場合、連帯債務の「混同の絶対的効力」に関する規定（440条）は準用されない。

PART3 15 多数当事者の求償関係・通知義務

債権総論

他の連帯債務者に対して求償を求めることができる

■ 連帯債務者間の求償関係

連帯債務者の1人が「自己の財産をもって共同の免責を得た」（弁済・代物弁済・相殺など）場合、当該連帯債務者は、他の連帯債務者に対し、免責を得るのに支出した財産の額（共同の免責を得た額を超える場合は免責を得た額）のうち、負担部分に応じた額の支払いを請求できます。これを求償権といいます。たとえば、BCがAに対し100万円の連帯債務（負担部分は均等）を負担する場合、BがAに30万円を返済したときは、支払額がAの負担部分（50万円）に達していませんが、Cに15万円を求償することができます。

なお、連帯債務者の1人に対して債務の免除がされ、または連帯債務者の1人のために時効が完成した場合においても、他の連帯債務者は、当該1人の連帯債務者に対し、上記の求償権を行使することができます（445条）。

■ 無資力者がいる場合の求償関係

連帯債務者の中に無資力者がいる場合は、求償者と他の資力のある者の間で、償還できない部分を各自の負担部分に応じて負担します（444条1項）。このとき、求償者と他の資力のある者がいずれも負担部分を有しない者である場合は、償還できない部分を求償者や他の資力のある者の間で「等しい割合」で負担します（444条2項）。ただし、償還を受領できないことについて求償者に過失があるときは、他の連帯債務者に分担請求ができません（444条3項）。

連帯債務者間の求償関係

改正民法では、免責を得た額（弁済額など）が自己の負担部分を超えるかどうかにかかわらず、連帯債務者は求償権を行使できるとする改正前の判例の立場を条文化した（442条1項）。

民法445条の趣旨

本文記載のケースにおいて、CがAから免除を受けても、免除の効力はBに及ばないので（相対的効力）、BがAに30万円を弁済したときは、Cに15万円を求償できることを明確にするのが民法445条の趣旨であると解される。

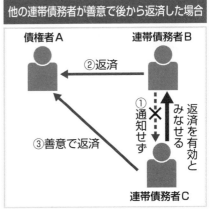

■ 連帯債務者間の通知義務

通知義務について、①他の連帯債務者を知りながら、連帯債務者の1人が「共同の免責を得ること」を他の連帯債務者に通知しないで、自己の財産をもって共同の免責を得た場合、他の連帯債務者は、債権者に対抗できる事由をもって、負担部分につき免責を得た連帯債務者に対抗できます（443条1項）。

また、②自己の財産をもって共同の免責を得た連帯債務者が、他の連帯債務者の存在を知りながら、免責を得た旨を他の連帯債務者に通知しなかったため、他の連帯債務者が善意で自己の財産をもって免責を得る行為をした場合、他の連帯債務者は、免責を得るための行為を有効とみなせます（443条2項）。

たとえば、BCがAに対し100万円の連帯債務（負担部分は均等）を負担するときに、B（連帯債務者の1人）がC（他の連帯債務者）に通知せずに100万円を返済した場合、Cは100万円を返済済みである事実をBに対抗できます（前述①）。

> **連帯債務者間の通知義務**
>
> 本文記載の②について、他の連帯債務者が善意で弁済する場合、免責を得た連帯債務者に事前通知しないと、弁済を有効とみなすことができないというのが、改正前からの判例の見解である。この点は改正法の下でも条文化されていないため、今後も解釈に委ねられることになる。

PART3 16 保証

債権総論

他人が債務を履行しない場合に代わりに履行する責任を負う制度

■ 何が問題なのか

保証とは、債務者（主たる債務者）が債務（主たる債務）を履行しない場合に、その債務を代わりに履行する義務を負うことをいいます。他人の債務を保証した者（保証人）は、その他人が債務を履行しない場合に、その債務を他人に代わって履行する責任を負います。この義務を「保証債務」、義務を負う人を「保証人」と呼びます。たとえば、AがBから借金をする場合に、Cが保証人になれば、Aが借りたお金を返せなくなったら、代わりにCが返さなければならないというものです。Cが負う債務が保証債務であり、Aの負う債務が主たる債務です。

保証は、保証人という「人」の財産を担保とする制度であることから「人的担保」とも呼ばれ、金融機関から融資を受ける場合や、マンションなどの賃貸借契約、住宅ローンや奨学金の借り入れなどに際して広く利用されています。

ただ、保証制度は、保証人の全財産を債務の引き当てとすることから、債務者が義務を履行しない場合には、保証人が多額の借金を肩代わりしなければならず、保証人に過大な負担を強いることになります。そこで改正民法では、個人保証の制限（146ページ）などの保証制度の大幅な見直しが行われています。

■ 保証債務の性質

① 主たる債務とは別個の債務

保証債務は、債権者と保証人との間の契約（保証契約）によって設定されます。債務者と保証人が保証契約を結ぶわけで

保証制度見直しの社会的背景

日本弁護士連合会らが2014年に行った調査によれば、自己破産を申し立てた人のうち、約4人に1人が他人の借金の保証人となったことが原因で破産せざるを得なくなったとされている。このような実態が保証制度の見直しに動いた背景であると言われている。

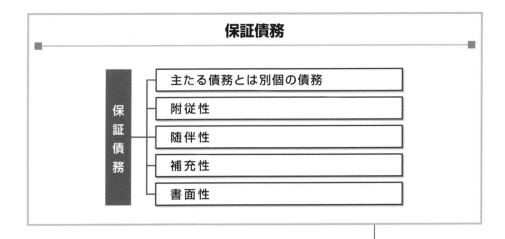

はありません。ただ、他人に代わって履行するものですから、その内容は主たる債務と基本的には同一です。

② 付従性

保証債務は主たる債務を担保することが目的ですから、主たる債務がなければ成立しませんし、主たる債務が消滅すれば保証債務も消滅します。これを保証債務の付従性といいます。

③ 随伴性

保証債務は主たる債務の担保ですから、主たる債務が第三者に移転するときは、保証債務もこれに伴って移転します。これを保証債務の随伴性といいます。

④ 補充性

保証人は、主たる債務者がその債務を履行しない場合に初めて、保証債務を履行すればよいとされています。これを保証債務の補充性といいます。具体的には、保証人は、債権者からの請求に対して、まず主たる債務者に請求せよという催告の抗弁権（452条）と、まず主たる債務者の財産に執行せよという検索の抗弁権（453条）をもっています。

⑤ 書面性

保証債務の効力が生じるためには、書面（電磁的記録でも

可）の作成が必要です（446条2項、3項）。

■ **保証全般に関する通則的な事項**

保証全般に関わる通則的な事項について、とくに注意すべき点について見ていきましょう。

① **保証債務の付従性**について

改正民法では、保証契約締結後に主債務が加重された場合であっても、保証債務はその影響を受けない、つまり加重されないことが明記されています（448条2項）。

② **求償権**について

保証人が主たる債務者に代わって債務を弁済したときは、主たる債務者に対し、その肩代わりした金銭の償還を求めることができます（求償権）。改正前民法では、求償権には、①保証人が主たる債務を弁済するなどして債権者に対する債務を消滅した場合に発生する事後求償権と、②委託を受けた保証人に限り、債務を弁済する前であっても一定の事由が生じた場合に認められる事前求償権があるとしており、この点は改正後も同じです。

また、委託を受けた保証人が、代物弁済等により自己の財産をもって債務を消滅させた場合、主たる債務者に求償できる額は、主たる債務を消滅させるために支出した財産の額なのか、それとも債務の額なのか、改正前は明文化されていませんでした。改正民法では「支出した財産の額」と規定しています。

一方、委託を受けない保証人が求償できる額については、改正前と同様に、主たる債務者の意思に反しない保証では「債務者が弁済当時に利益を受けた限度」とし、主たる債務者の意思に反する保証では「債務者が現に利益を受けている限度」として、求償権の行使の範囲を制限しています。

そして、保証人が弁済期前に債権者に弁済した場合、主たる債務者に求償権を行使できるのは、主たる債務の弁済期が到来

保証債務の付従性に関する改正前の規定

改正前の民法では、保証契約締結後に主債務が加重された場合に、保証債務も加重されるか否かについて、条文上明らかではなかった。

支出した財産の方が多い場合

支出した財産の額が消滅した主債務の額より多い場合は「主債務の額」となる。たとえば、1000万円の主債務を消滅させるのに900万円の土地を代物弁済した際は900万円、1100万円の土地を代物弁済した際は1000万円が求償できる額となる。

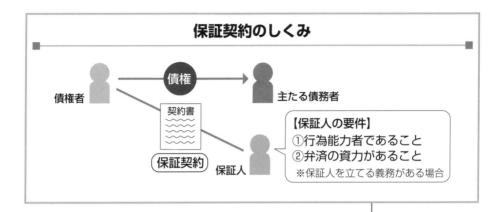

した後でなければならないと定められています（459条の2第3項）。

③ 保証人の通知義務について

保証人は、債権者から返済を請求された場合は、必ず主たる債務者にその旨を通知する義務があります。これは主たる債務者の弁済の機会を不当に奪うのを防止するためです。

保証人は債務を弁済する前に、主たる債務者にその旨を通知する義務があります（事前通知義務）。もし事前通知義務を怠って保証人が弁済した場合には、主たる債務者は、債権者に対抗できる事由をもって保証人に対抗できます。なお、事前通知義務については、求償権の行使の範囲が制限される委託を受けない保証人に通知義務を課する意義が乏しいため、改正民法では「委託を受けた保証人」だけに事前通知義務を課しています。

また、保証人が弁済した後も、主たる債務者に通知する義務があります（事後通知義務）。これは主たる債務者が保証人の弁済を知らずに、債権者に弁済することを防ぐためです。もし保証人が弁済後に事後通知義務を怠った場合には、その後に保証人の弁済を知らずに（善意で）弁済した主たる債務者は、その弁済を有効とみなすことができます。なお、事後通知義務は委託の有無を問わず、すべての保証人に課されています。

事前通知義務を課さない理由

たとえば、委託を受けない保証人（債務者の意思に反しない）が100万円の主債務を弁済した時に、債権者が50万円の反対債権を有していた場合、50万円分は相殺で消滅可能なので、債権者が保証人の弁済によって利益を受けているのは残り50万円に関してのみである。
このように、委託を受けない保証人は求償権の行使の範囲が制限されるので（前ページ）、委託を受けない保証人には事前通知義務が課されていない。

PART3 17 連帯保証

債権総論

債権者は主たる債務者や連帯保証人のいずれに対しても、直ちに履行の請求ができる

■ 連帯保証債務とは

　普通の保証には、催告の抗弁権や検索の抗弁権があり、お金を貸した側（債権者）にとっては、必ずしも便利なものではありません。つまり、普通の保証では、第一次的に責任を負うのは主たる債務者であって、保証人の責任は副次的なものです。そこで、これらの抗弁権がない（補充性がない）保証債務が利用されています（454条）。これを連帯保証債務といいます。実際に締結される保証債務のほとんどが連帯保証です。頼まれて保証人になったら、主たる債務者が夜逃げをしてしまってひどい目にあったという話を聞きますが、これは連帯保証の場合がほとんどです。

■ 連帯保証人について生じた事由の効力

　①主たる債務者が債権者に対して有する債権で主たる債務を相殺した場合、②主たる債務者たる会社と債権者たる会社が合併した場合（混同）、③債権者AのBに対する債権を消滅させ、新たに第三者CのBに対する債権を発生させる場合（更改）、④債権者が主たる債務を免除した場合（免除）などは、主たる債務は消滅し、これに伴い保証債務も消滅します。

　また、⑤債権者が主たる債務者に訴訟を提起すれば、履行の請求として時効の完成猶予や更新の効力が生じますので（60ページ）、これにより保証債務の時効も完成猶予や更新の効力が生じます。他方、⑥主たる債務の時効が完成すれば、主たる債務は時効消滅しますので、保証人は、主たる債務の時効を主

連帯保証人への請求

連帯保証には補充性がないので、債権者は直接連帯保証人に対して、債務の履行を請求できる。

連帯保証人と主債務者に生じた事由の効力

事由	主債務者に生じた場合	連帯保証人に生じた場合
履行の請求※	絶対的効力	相対的効力
更改	絶対的効力	絶対的効力
相殺	絶対的効力	絶対的効力
免除	絶対的効力	相対的効力
混同	絶対的効力	絶対的効力
時効の完成	絶対的効力	相対的効力

※履行の請求による時効中断も含む

張（援用）して、自らの保証債務も消滅させることができます。

このように主たる債務者に生じた事由（履行の請求、更改、相殺、免除、混同、時効の完成）は、連帯保証人にも影響を及ぼします。これを絶対的効力（絶対効）といいます。

問題は、連帯保証人に生じた事由が、主たる債務者に影響を及ぼすかどうかです。改正前民法では、連帯保証人が債権者に対して有する債権をもって相殺した場合、あるいは連帯保証人が債権者を相続した場合（混同）には、保証債務は消滅し、主たる債務も消滅するとしていました。また、連帯保証人が訴訟を提起された場合は、履行の請求によって保証債務の時効は中断され、履行の請求の絶対的効力によって主たる債務の時効も中断するとしていました。

しかし、改正後は、訴訟提起などの履行の請求は、相対的効力（相対効）にとどまると改めました。つまり、連帯保証人が履行の請求を受けても、主たる債務の時効の完成猶予や更新の効力は生じないというわけです。したがって、連帯保証人に生じた事由のうち、更改、相殺、混同のみが主たる債務者に影響を及ぼし（絶対的効力）、それ以外の事由は影響を及ぼさない（相対的効力）とされます。

> **履行の請求の効力**
> 連帯保証人に生じた履行の請求は主たる債務者に及ばないのに対し、主たる債務者に生じた履行の請求は連帯保証人に及ぶとの違いに注意。後者は保証債務の付従性に基づくものと考えられる。

PART3 18 個人保証の制限

債権総論

個人が過大な保証債務を負わされることがないよう配慮されている

■ 何が問題なのか

個人保証とは、企業が金融機関から融資を受ける場合に、経営者やその家族、知人などの個人が、企業の融資を保証する制度のことです。この制度の下では、資力に乏しい主たる債務者である企業の資金調達が可能になる一方で、主たる債務者が破たんした場合には、保証人である経営者などが、個人の資力では到底、支払えない高額の保証債務を負担させられます。このことから、保証人が自己破産や自殺に追い込まれるケースも後を絶たず、深刻な社会問題となっています。改正民法では、個人保証を原則禁止としながら、保証人の自発的な意思が認められる場合には例外的に認めるなどの措置を講じています。

具体的には、事業のための貸金等債務に関する保証契約や根保証契約の締結日前1か月以内に、保証人となる個人の意思を公正証書で確認する必要があり、公正証書が作成されずに締結された貸金等債務に関する保証契約や根保証契約は無効となります（465条の6第1項）。また、貸金等債務を含めた事業のための債務の保証契約や根保証契約の締結に際して、主たる債務者は、保証や根保証を委託した個人に自らの返済能力にかかる情報を提供することが義務付けられています（465条の10）。

■ 契約前に公正証書の作成が必要である

個人が「事業のために負担した貸金等債務」を保証する場合、個人が「事業のために負担した貸金等債務」を含む根保証をする場合、または「事業のために負担した貸金等債務」の保証ま

個人根保証契約

不動産の賃貸借契約に基づく賃借人の債務について個人が保証人となるような「個人根保証契約」を締結する場合は、極度額を定めなければならない。極度額を定めない個人根保証契約は無効になる。なお、賃借人の債務の保証に係る契約は、定期的に発生する賃料だけでなく、原状回復に係る債務や損害賠償債務などにも及ぶ不特定の債務なので、一定の範囲に属する不特定の債務を主たる債務とする「根保証契約」に該当する。

公正証書の作成手続き

民法465条の6第2項で詳細に規定している。

個人保証の契約締結時の公正証書と情報提供義務

	債務者の委託を受けない場合	債務者の委託を受ける場合
①事業のために負担した貸金等債務を個人が保証・根保証	公正証書必要 情報提供義務なし	公正証書必要 情報提供義務あり
②事業のために負担した貸金等債務の保証・根保証の保証人の債務者に対する求償権に係る債務を個人が保証	公正証書必要 情報提供義務なし	公正証書必要 情報提供義務あり
③事業のために負担した債務を個人が保証・根保証（①②を除く）	公正証書不要 情報提供義務なし	公正証書不要 情報提供義務あり

公正証書：保証人が契約締結日前1か月以内に保証意思を確認する公正証書を作成する義務
情報提供義務：債務者が自己の返済資力について保証人に説明する義務

たは根保証の保証人が取得した主たる債務者に対する求償権を個人が保証する場合には、保証契約や根保証契約に先立ち、保証債務を履行する意思（保証意思）を確認するため、公正証書の作成が義務付けられています。これは保証契約や根保証契約そのものを公正証書で作成することを要求するものではなく、保証意思を確認するための公正証書です。

そして、保証意思を確認する公正証書は、保証契約や根保証契約の締結日前1か月以内に作成しなければならず、公正証書を作成せずにした保証契約や根保証契約は無効となります。

ただし、個人保証の制限は経営とは無関係の第三者である個人を保護する趣旨によるとして、主たる債務者と一定の関係にある個人が保証人となる場合（経営者保証）には、公正証書の作成は不要です。具体的には、主たる債務者が法人の場合は、その取締役、理事、執行役、過半数の株式保有者（総株主の議決権の過半数を有する者）など、主たる債務者が個人事業主の場合は、その共同事業者、債務者の事業に従事する配偶者などが保証人となる場合は、公正証書による保証意思の確認は不要です。

公正証書において口述すべき事項

①主たる債務の債権者と主たる債務者
②主たる債務の元本や利息
③違約金や損害賠償などの定めの有無
④主たる債務者が主たる債務を履行しないときには、当該債務の全額を履行する意思を有していること

ただし、根保証の場合は、②③に代えて「主たる債務の範囲、極度額、元本確定期日の有無やその内容」が、④に代えて「主たる債務者が債務を履行しないときには、極度額の限度で、元本確定期日または元本確定事由が生ずる時までに発生した主たる債務の全額について履行する意思を有していること」が、それぞれ口述すべき事項になる。

経営者保証

公正証書を不要とする場合は民法465条の9で詳細に規定している。

情報提供義務

PART3 19
債権総論

一定の情報について正確に保証人に対して提供される必要がある

■ 情報提供義務は保証人の保護が目的

「絶対に迷惑をかけないから」などと、知人に頼まれ保証人を引き受けた人の多くは、将来自分が負担すべき債務の総額を知らず、主たる債務者が破たんして初めて、返済不能な高額の債務を負担させられていたことに気づき、破産や自殺などに追いやられるケースが多発しています。そのため、将来自分が負担することになる債務の総額や、保証しようとする主たる債務者の資力を知ることで、安易な保証の引き受けを防止できます。

そこで改正民法では、①保証契約締結時、②保証人から請求を受けた場合、③主たる債務者が期限の利益を喪失した場合に、保証人に対し、主たる債務者の財産状況や履行状況などの情報の提供を義務付ける規定を新たに設けています。

■ 保証契約締結時や履行状況の情報提供義務

主たる債務者は、事業のために負担する債務の保証、あるいは事業のために負担する債務を含む根保証を委託する場合、委託を受けて保証人になろうとする個人に対し、自らの返済資力に関する情報を提供しなければなりません。具体的に提供すべき情報は、①主たる債務者の財産および収支の状況、②主たる債務以外に負担している債務の有無・額および履行の状況、③主たる債務の担保として他に提供し、または提供しようとする物の有無およびその内容の3つです。

保証契約締結時の情報提供義務に違反して、主たる債務者が情報の提供を怠ったり、不実の情報を提供した場合、これによ

期限の利益
分割払いなどのように、決められた期限が到来するまでは返済をしなくてもよいことを「期限の利益」という。

保証契約締結時の情報提供義務
主たる債務者から保証の依頼を受けた人は、提供された①〜③の情報を基に、保証契約を締結するか否かを判断することが想定されている。

保証人に対する情報提供義務

提供義務者	個人保証		法人保証	
	委託を受けた保証人	委託を受けない保証人	委託を受けた保証人	委託を受けない保証人
保証契約締結時の情報提供義務	債務者	○	×	×	×
主たる債務の履行状況の情報提供義務	債権者	○	×	○	×
期限の利益喪失についての情報提供義務	債権者	○	○	×	×

○:情報提供義務が発生する / ×:情報提供義務が発生しない

り誤認して契約の申込みや承諾をした保証人は、債権者が悪意または有過失である限り、保証契約を取り消すことができます。

また、委託を受けた保証人からの請求があれば、債権者は遅滞なく、主たる債務の履行状況についての情報を提供しなければなりません。そこで、情報提供を請求できるのは委託を受けた保証人に限られますが、保証人が個人か法人かは問いません。

■ 期限の利益喪失についての情報提供義務

通常、分割払いや割賦払いを認める契約では、約束された期日に返済しなかった場合には、債権者は債務者に対し、債務の残額を一括して返済するよう請求できる旨の特約が付されています。この特約を「期限の利益喪失約款」といいます。

改正民法では、主たる債務者が支払いを怠り、期限の利益を喪失した場合には、債権者は、主たる債務者が期限の利益を喪失したことを知った時から2か月以内に、個人である保証人に対し、その旨を通知しなければなりません。もし、期間内の通知を怠った場合は、期限の利益喪失から現に通知するまでの間に発生した遅延損害金を保証人に請求できなくなります。

情報提供をしない場合
履行状況の情報提供をしなかった場合の効力については明文上規定されていないが、債務不履行に基づく損害賠償責任が発生する可能性があると解されている。

期限の利益喪失の情報提供
期限の利益喪失に関する情報を通知すべき相手方は、個人である保証人に限定されるが、これには委託を受けていない保証人も含まれる。

PART3 20 根保証

債権総論

極度額を定めない個人根保証契約は無効になる

■ 根保証とは

　根保証とは、特定の債権者との継続的な取引関係から生じる、一定の範囲に属する不特定の債務を保証する契約のことです。

　たとえば、会社を経営する知人Xから頼まれ、A銀行からの融資金100万円の保証人を引き受けた場合、通常の保証であれば、Xが100万円を完済した時点で、保証人の責任も消滅します。しかし、保証契約書に「極度額1000万円、元本確定期日を3年後」と記されていた場合は、Xが100万円を返済しても保証人の責任は消滅せず、極度額の範囲内で、元本確定期日までにXが借り入れた別の債務についても保証責任を負わなければならなくなります。

　根保証は、一度の契約で将来にわたる複数の契約（複数の貸し借り）を保証することから、保証される債権者側には使い勝手のよい契約である一方で、保証人側は過酷な負担を強いられることになりかねません。そこで改正民法では、貸金等債務の保証に限定されず、個人が保証人となる根保証契約を「個人根保証契約」として、極度額を定めない個人根保証契約は無効とする規定が設けられました（465条の2）。

■ 賃借人の債務を保証する場合も極度額の定めが必要

　たとえば、マンションの賃貸借契約に際し、賃借人の債務を保証したとします。賃借人の債務は、未払賃料だけでなく、遅延損害金や原状回復に関する債務、故意・過失による損壊などが生じた場合の損害賠償債務など多岐にわたるため、これを保

根保証の問題点

本文のケースでたとえ3年後に借入金が1000万円に膨れ上がっていたとしても、それを保証する責任を負わされてしまう。

借入金の総額

元本確定期日までに行われた新たな融資等について、保証人に通知されることはない。そのため、元本確定期日が到来するまで、保証人は借入金の総額を知ることはできない。

改正前の規定

平成17年の民法改正で、極度額と保証期間を定めない保証契約は「包括根保証」として禁止された。ただし、包括根保証の禁止が及ぶのは、貸金等債務が含まれる個人を保証人とする根保証契約に限定されていた。

極度額

元本や利息、違約金や損害賠償など、保証債務に関するすべてを含んで最大限、保証人が負う可能性のある上限額。契約途中で賃料が増額されても、極度額に影響は及ぼさない。

個人根保証に関する規律

- 一定の範囲に属する不特定の債務を主たる債務とする個人が保証人となる保証契約が個人根保証である
  - （例）賃借人の債務を個人が保証する契約
- 個人根保証は極度額を書面または電磁的記録で定める
  - ⇒ 定めていない個人根保証は無効となる
- 個人根保証は保証人の破産手続開始の決定が元本確定事由の1つとなる
  - ⇒ 個人貸金等根保証は債務者の破産手続開始の決定も元本確定事由となる

証する債務も特定が困難です。そのため、賃借人の債務の保証は根保証に該当し、保証人は想定を超える金額を請求される危険性があります。そこで改正民法では、個人根保証の場合は、保証契約の締結時において、保証人が負担する上限の金額（極度額）を定めなければならないとしました。さらに、その定めを書面または電磁的記録によってしなければ、個人根保証契約が無効になります。

この他、個人根保証は、保証人の破産手続開始の決定が元本確定事由のひとつとされています。つまり、保証人が破産手続開始の決定を受けた時点で元本が確定し、以降は未払い賃料が発生しても、保証人はその責任を負わないことになります。他方、賃借人（主たる債務者）が破産手続開始の決定を受けたことは元本確定事由とされていません。

これに対し、個人根保証のうち融資に関するもの（個人貸金等根保証）については、保証人の破産手続開始の決定だけでなく、主たる債務者の破産手続開始の決定も元本確定事由とされています。つまり、元本の確定に関しては、個人根保証と個人貸金等根保証とで区別されています（465条の4）。

個人根保証
個人が保証人の場合は個人根保証となる。

公正証書の作成が必要な場合
個人が事業のために負担する貸金等債務を含む根保証（個人貸金等根保証）をする場合は、保証意思を明確にするための公正証書の作成が必要である（146ページ）。

PART3 21 債権譲渡と譲渡制限特約

譲渡制限特約違反の債権譲渡であっても原則として譲受人に債権が移転する

債権総論

債権譲渡が用いられる目的

債権譲渡は、その債権の弁済期前に売却して金銭を入手するために行われたり、手もとに資金がないときの弁済手段としてなされたり、また、金融を受けるための担保のために譲渡することもある。債権譲渡はとくに企業間取引で広く活用されている。たとえば、債権を売却して資金を得る、債権を担保に供して融資を受ける（ABL：流動資産担保融資）、債務者が有する債権を譲り受けて債権回収を図る、などの目的で活用されている。

■ 債権譲渡とは

債権譲渡は、債権を、その同一性を変えることなく第三者に移転することで、譲渡人（旧債権者）と譲受人（新債権者）との契約によってなされます。民法は、債権譲渡について、対抗要件主義をとっています。つまり、当事者間では合意だけで権利が移転しますが、それを第三者に主張（対抗）するには後述する通知・承諾などの対抗要件が必要です（467条）。

■ 譲渡制限特約に関して

債権譲渡は原則として自由にでき（債権譲渡自由の原則）、例外として、性質上譲渡を許さない債権の譲渡は、その効力が生じません（466条1項）。改正前民法から大幅な制度変更が行われたのは、譲渡制限特約（譲渡禁止特約）に違反する債権譲渡の効力です。

改正前は、「当事者が反対の意思を表示した場合」（改正前467条2項本文）、つまり当事者が債権の譲渡を禁止する特約（譲渡禁止特約）を結んだ場合、譲渡禁止特約に違反する債権譲渡は絶対的に無効であるが、善意かつ無重過失の譲受人に対してのみ譲渡禁止特約を対抗できないと解していました。譲渡禁止特約違反の債権譲渡は、当事者間でも譲受人との関係でも「無効」であるため、債権者は原則として「譲渡人」のままであるが、譲受人が善意かつ無重過失の場合に「譲受人」に移転すると解されていました（物権的効力）。

しかし、改正民法では、「当事者が債権の譲渡を禁止し、又

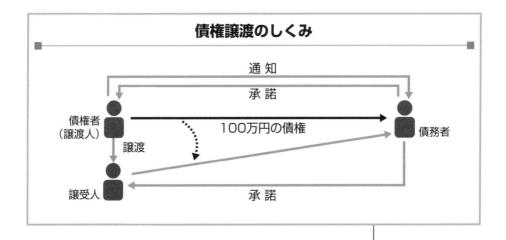

はまたは制限する旨の特約」(譲渡制限特約)に違反する債権譲渡であっても、「その効力を妨げられない」と規定しています(466条2項)。これにより、譲渡制限特約違反の債権譲渡は、当事者間では無効ですが、譲受人との関係では「有効」であって、債権者は「譲受人」に移転するという大転換が行われています(債権的効力)。

譲渡制限特約(譲渡禁止特約)は、債務者が債権者に対する優位な立場を利用し、自己の利益のために設定することが多く、改正前の物権的効力では、債権者が債権を譲渡して資金を得たり、融資を受けることの阻害要因となっていました。改正により物権的効力が明確に否定された点に意義があるとされています。

ただし、預貯金債権についての譲渡制限特約は、例外的に「物権的効力」が生じ、悪意または重過失の譲受人には譲渡制限特約を対抗できると規定しています(466条の5)。預貯金債権に譲渡禁止特約があるのは一般的に知られているからです。

> **譲渡制限特約**
> 従来の民法の規定とは異なり、譲渡の禁止だけでなく譲渡の「制限」も条文化されたため、名称も「譲渡制限特約」と変更されている。

■ 債権的効力に基づく債務者と譲受人の関係

譲渡制限特約違反の債権譲渡の効力は、当事者間では無効であるのに対し、譲受人との関係では有効となって、債権者は譲

渡人から譲受人に移転します。これを債権的効力といいます。

ただし、譲渡制限特約の存在を知り、または重大な過失により知らなかった譲受人に対して、債務者は、①譲渡制限特約を主張して債務の履行を拒むことができ、かつ、②譲渡人に対する債務消滅事由（譲渡人に対する弁済・相殺など）をもって対抗することもできます（466条3項）。この規定は、譲受人が悪意または重過失の場合は、弁済の相手方が譲渡人であると示すのみで、あくまでも債権者は譲受人であると解されています。

そのため、債務者が上記①を理由に債務を履行しない場合、悪意または重過失の譲受人は譲渡制限特約の制約を受け、譲渡人は債権譲渡で債権を失っており、双方とも債権回収ができないという閉塞状態（デッドロック状態）に陥ります。この状態を脱するため、譲受人が相当期間を定めて「譲渡人への履行の催告」を行ったのに、当該期間内に履行しないときは、債務者は、上記①を理由に悪意または重過失の譲受人からの履行請求を拒絶できないとしました（466条4項）。

一方、譲受人が悪意または重過失の場合でも、あくまでも債権者は譲受人ですから、債務者は自らの選択によって、譲受人に債務を履行することができます。

■ 譲渡制限特約付きの債権の債務者の供託

たとえば、A（譲渡人）がB（債務者）に対する譲渡制限特約付きの100万円の貸金債権をC（譲受人）に譲渡したとします。改正前の「物権的効力」の下では、Cの主観的事情により譲受人が変わるため（前ページ）、Bは債権者不確知を理由に供託ができました。しかし、改正民法の「債権的効力」の下では、債権者は譲受人Cと確定していますので、Bは債権者不確知を理由に供託ができません。

この不都合を回避するため、譲渡制限特約付きの金銭債権が譲渡された場合は、当該債権の全額を債務の履行地を管轄する

譲受人の主観的事情を問わない

譲受人が譲渡制限特約について善意か悪意かを問わず、債務者は供託を行うことができる。

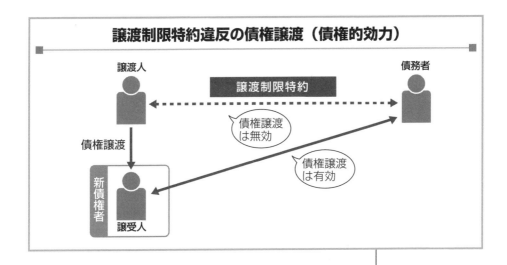

供託所に供託できる旨が明確にされています（466条の2第1項）。これにより、前述のケースでもBは100万円を供託して債務を消滅させることができます。供託をした債務者は、遅滞なく譲渡人と譲受人に供託の通知を行います（466条の2第2項）。そして、供託された金銭は、債権者である譲受人のみが還付請求権を有します（466条の2第3項）。つまり、前述のケースではCが還付請求権を有します。

■ 譲渡制限特約付きの債権の差押え

また、譲渡制限特約によって勝手に差押禁止債権を作り出すことは認められません。つまり、譲渡制限特約がついた債権に対する強制執行をした差押債権者（悪意または重過失のある譲受人の債権者である場合を除く）に対しては、民法466条3項が適用されません（466条の4）。これにより、譲渡制限特約について悪意または重過失である差押債権者による権利行使であっても、債務者は、譲渡制限特約を主張して債務履行を拒絶することも、譲渡人に対する債務消滅事由で対抗することもできません。

将来債権の譲渡、対抗要件

PART3 22
債権総論

将来債権を譲渡することも可能である

■ 将来債権の譲渡は有効である

将来債権とは、現在は発生していないが、将来に発生する予定がある債権のことです。たとえば、賃貸人A（譲渡人）が、賃借人B（債務者）から毎月支払われる予定の賃料債権を、C（譲受人）に譲渡することが挙げられます。

改正前は、将来債権の譲渡に関する明文規定がありませんでしたが、判例がこれを有効であると解していました。改正後の民法では、「債権の譲渡は、その意思表示の時に債権が現に発生していることを要しない」（466条の6第1項）と規定して、将来債権の譲渡が有効であることを明確にしました。つまり、将来債権が譲渡された場合、「譲受人は、発生した債権を当然に取得する」と規定しています（466条の6第2項）。これにより少なくとも、譲渡された将来債権が発生した後に、当該債権が譲受人の元にあることは明確です。

■ 将来債権の譲渡後に付された譲渡制限特約

改正民法では、将来債権の譲渡について、譲渡人が通知をし、または債務者が承諾をする時（対抗要件具備時）までに譲渡制限特約がされた場合は、これによって債権者を固定するという債務者の利益を優先し、譲受人が譲渡制限特約の事実を知っていた（悪意）とみなして、民法466条3項（譲渡制限特約がされた債権が預貯金債権の場合は民法466条の5第1項）を適用することにしました（466条の6第3項）。

この規定によって悪意とみなされた譲受人に対して、債務者

将来債権の譲渡に関する法的性質

将来債権の譲渡は、譲渡人から譲受人の元に移転するものと考えるのか（さらに、いつ移転したと考えるのか）、それとも譲受人のもとで当該債権が発生するものと考えるのか、という法的性質は、改正民法では明確にされていないため、解釈に委ねられている。

将来債権の譲渡に関する対抗要件

将来債権の譲渡の対抗要件が、通知または承諾（第三者対抗要件は確定日付のある証書による）である（467条）ことは、他の債権と変わりがない。法人の場合は、「動産及び債権の譲渡の対抗要件に関する民法の特例等に関する法律」（動産・債権譲渡特例法）に基づき、債権譲渡ファイルへの記録によって第三者対抗要件を備えることができることも、同様である。

は、譲渡制限特約を主張して債務の履行を拒むことができ、かつ、譲渡人に対する債務消滅事由をもって対抗することもできます（154ページ）。

■ 債権譲渡の対抗要件が問題となるケース

たとえば、賃貸人A（譲渡人）が、賃借人B（債務者）に対する未払いの賃料債権を、CおよびDに譲渡したとします。CとDの双方がBに対して賃料支払請求をしてきた際に、Bがどちらに未払賃料を支払うべきか、言い換えると、どちらが未払賃料の支払いを受けることができるか、というのが債権譲渡の対抗要件の問題です。

債権譲渡（将来債権の譲渡を含む）の対抗要件は、譲渡人から債務者への債権譲渡の通知（譲受人からの通知は無効）、または債務者による債権譲渡の承諾（相手方は譲渡人・譲受人を問わない）であると規定されています（467条1項）。

このとき、債務者に対抗する（債務者対抗要件）には、通知・承諾の方式を問いません。しかし、債務者以外の第三者に対抗する（第三者対抗要件）には、確定日付のある証書（内容証明郵便など）による通知・承諾によらなければなりません（467条2項）。前述のケースで、Cへの譲渡が確定日付のない通知、Dへの譲渡が確定日付のある通知であった場合は、第三者対抗要件を備えたDへの譲渡が優先し、BはDに対して未払賃料を支払う義務を負います。また、改正後も確定日付のある通知が複数届いた場合に関する明文規定はないので、先に債務者に届いた通知に係る譲受人への譲渡が優先するとの判例の見解（到達時説）が適用されます。前述のケースで、Bに届いた通知がともに確定日付のある通知であった場合、Cへの譲渡通知とDへの譲渡通知のうち、どちらか早くBの元へ届いた方の債権譲渡が優先します。

> **債務者の抗弁に関して**
>
> 債権譲渡があった場合の債務者の抗弁について、改正民法では、債務者の異議をとどめない承諾による抗弁切断の制度を廃止した。債務者は、対抗要件具備時（通知または承諾の時）までに譲渡人に対して生じた事由をもって、譲受人に対抗できることが明確にされた。譲受人に対抗できる抗弁としては、同時履行の抗弁、留置権の抗弁、無効・取消し・弁済による債権不存在の主張などが挙げられる。

PART3 23 債権譲渡と相殺

債権総論

対抗要件を備えた時点を基準に、それより前に取得した債権を自働債権とする相殺を行うことができる

■ 債権譲渡と相殺が問題となるケース

たとえば、A（譲渡人）がB（債務者）に100万円の甲債権を有し、BがAに100万円の乙債権を有する場合、Aが甲債権をC（譲受人）に譲渡した後、Bは乙債権（反対債権）を自働債権とし、甲債権を受働債権とする相殺ができるか、というのが「債権譲渡と相殺」の問題です。

債権譲渡の通知を受ける前から債権者に対して反対債権を有していた債務者は、両債権の弁済期の先後を問わず、相殺適状に達すれば、当該反対債権を自働債権とし、被譲渡債権を受働債権とする相殺ができるとした判例があります。前述のケースにあてはめると、甲債権の譲渡通知を受ける前に、Bが乙債権（反対債権）を取得している場合には、Bは、両債権が相殺適状に達したときに、乙債権を自働債権とし、甲債権を受働債権とする相殺ができることになります。

民法は、判例の見解を基本として、「債務者は、対抗要件具備時より前に取得した譲渡人に対する債権による相殺をもって譲受人に対抗することができる」（469条1項）ことを条文化しています。そこで、対抗要件具備時を基準として、それより前に譲渡人に対する債権（反対債権）を取得した債務者は、弁済期の先後を問わず、相殺適状に達すれば、反対債権による相殺を譲受人に主張できることになります。

■ 対抗要件具備後に反対債権を取得した場合

改正民法では、対抗要件具備時より後に債務者が取得した譲

債権譲渡と相殺と類似の問題
債権譲渡と相殺に関する問題は、差押えと相殺の問題と類似しているため、一緒に論じられることが多い論点である。

「対抗要件」とは
債権譲渡と相殺の問題は、債務者以外の第三者（二重譲渡の譲受人など）との関係は問題にならない。したがって、ここでいう対抗要件は、債務者対抗要件でも第三者対抗要件でもかまわない。

自働債権／受働債権
178ページ参照。

相殺適状
180ページ参照。

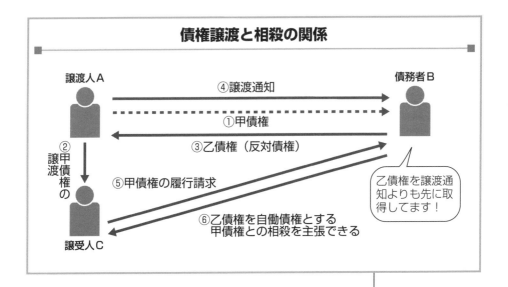

渡人に対する債権（反対債権）が、①対抗要件具備時より「前の原因」に基づいて生じた債権、または②「譲受人の取得した債権の発生原因である契約」に基づいて生じた債権である場合は、反対債権による相殺をもって譲受人に対抗できる旨を条文化しました（469条2項）。これは債務者による相殺の期待利益の保護を重視したものです。

ただし、①または②にあてはまる反対債権であっても、その反対債権が対抗要件具備時より後に他人から取得したものである場合は、反対債権による相殺によっても譲受人に対抗できません（469条2項ただし書）。①または②にあてはまらない場合は、もちろん対抗要件具備後に取得した反対債権による相殺を譲受人に対抗できません。

たとえば、Aの債務者Bが、AC間の債権譲渡の対抗要件具備前の譲渡人Aの不法行為を原因として、対抗要件具備後にAに対する損害賠償債権（治療費など）を取得した場合、不法行為が①の「前の原因」に該当するため、Bは損害賠償債権を自働債権とする相殺を譲受人Cに対抗できます。

債権譲渡と相殺に関する判例

本文記載の、債権譲渡と相殺に関する判例は、相殺を認める上で、差押えと相殺の問題における「無制限説」と同様の論理構造を採用し、相殺の担保的機能を重視したと解されている。

PART3 24 債務引受

債権総論

第三者が債務を引き受けることができる

■ 債務引受とは

　債務引受とは、債務者の債務をその同一性を保ったまま第三者が引き受けて、第三者が債権者に対して債務を履行する義務を負うことをいいます。たとえば、AがB銀行から1,000万円を借りた場合を考えてみましょう。AはB銀行との金銭消費貸借契約に基づき、借入金を返済する義務（債務）を負っています。Aが返済に窮していたところ、Aの兄Cがその金銭債務を引き受けたいと申し出ました。そこで、B銀行、A、Cの三者間で協議して債務引受を行うことになりました。

　債務引受により、CはAが負っていた債務と同一の債務を負います。ここで、Aも引き続き債務を負っている場合を併存的債務引受というのに対して、Aの債務が消滅して債権債務関係から解放される場合を免責的債務引受といいます。そして、Aの債務の履行を引き受けたCのことを引受人といいます。

　改正前の民法には債務引受の規定が存在しませんでした。しかし、判例や学説はいずれの類型の債務引受も認めていました。改正後の民法、判例や学説の見解を踏まえて、実務上認められている債務引受を明文化しています。

■ 併存的債務引受とは

　併存的債務引受は、債権者と引受人との間で、引受人が債務者と同一の債務を引き受けることについて合意することで成立し、直ちにその効力も生じます（470条2項）。一方、債務者と引受人との間で同様の合意をすることによっても併存的債務引

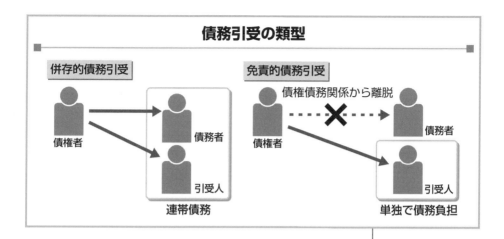

受は成立しますが、この場合は債権者から引受人に対して承諾があった時に効力が生じます（470条3項）。

　併存的債務引受が成立することによって、引受人は債務者と同一の債務を負い、引受人の債務と債務者の債務は連帯債務となります（470条1項）。したがって、債権者は引受人と債務者のいずれに対しても債務の全部または一部の履行を請求することができます（432条）。併存的債務引受が行われる目的は、債権を担保することにあるといえます。つまり、債権者側からすれば、債務者の他に引受人が現れたことにより債務者に対して持っている債権について、責任財産が増加することを意味します。ましてや一般的な保証債務において認められる付従性や補充性が問題になることはありませんので、その意味では、保証債務よりも強力な人的担保の手段ということもできるのです。

　また、引受人の債務と債務者の債務は連帯債務であることから、引受人が債務を履行した場合、引受人は債務者に対して求償権を取得します。求償権の内容も連帯債務の規律に従うことになります。具体的には、引受人と債務者の債務負担割合に応じた求償権が発生します（442条）。

　なお、併存的債務引受の効力発生時に債務者が債権者に対し

三面契約

明文規定はないが、債務引受は併存的・免責的を問わず、債権者・債務者・引受人の三者の合意で成立するのが基本である。

て主張できた抗弁をもって、引受人が債権者に対抗できます（471条1項）。ただし、債務者が主張できた取消権や解除権は行使できず、引受人はこれらを根拠として履行の拒絶ができるにとどまります（471条2項）。

■ 免責的債務引受とは

　免責的債務引受は、債権者と引受人との間で、引受人が債務者の債務を引き受けることについて合意することで成立します。ただし、この場合は債権者から債務者への通知が行われた時に効力が発生します（472条2項）。また、債務者と引受人との間で同様の合意をすることによっても成立します。この場合は、債権者が関知しないまま債務者が交代して債権者の利益が害されるおそれがあるので、債権者から引受人に対する承諾があった時に効力が発生するようになっています（472条3項）。

　免責的債務引受が成立することによって、引受人が債務者の債務を引き継ぐとともに、債務者は債務から免れることになります。このように、免責的債務引受では債務者が債務から解放されることが制度的に期待されているため、債務を履行した引受人から債務者への求償権は認められていません（472条の3）。免責的債務引受が持っている機能としては、簡易な債権の決済機能を挙げることができます。債務者は引受人が現れたことにより、債権債務関係から離脱することになりますが、それはつまり、その債務者との間では、債権を決済することを意味するためです。

　なお、免責的債務引受がなされる前の債務に担保権（担保物権や保証人）が設定されていた場合、債権者は、免責的債務引受と同時にまたはそれより前に、引受人に対する意思表示によって、担保権や保証を引受人の債務を担保するものとして移転させることができます（472条の4第1項～第3項）。ただし、保証を移転する時は、保証人の書面（電磁的記録でも可能）に

免責的債務引受における引受人が主張できる抗弁についての取扱い

改正後の民法の下では、本文記載の併存的債務引受の場合と同様、免責的債務引受の効力発生時に債務者が債権者に対して主張できた抗弁をもって、引受人は債権者に対抗でき、債務者が有する取消権や解除権をもって、引受人は債務の履行を拒絶できる（472条の2）。

担保権負担者の承諾を要する場合

担保権を負担する物上保証人や第三取得者（担保財産の取得者）が引受人の場合は承諾を要しないが、物上保証人や第三取得者が引受人でない場合は、これらの者の承諾を要する（472条の4第1項ただし書）。

電磁的記録

人の知覚では認識できない方式で作られた記録で、コンピュータによる情報処理をするために作られたもの。メールやCD-ROMなどがこれにあたる。

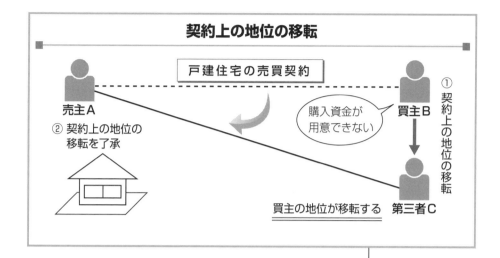

よる承諾が必要です（472条の4第4項、第5項）。

■ 契約上の地位の移転に関して

　契約上の地位の移転とは、契約の当事者の一方が第三者に対して契約上の地位そのものを譲渡することをいいます。たとえば、A（売主）がB（買主）に戸建住宅を売却するために売買契約を締結したとします。しかし、Bが購入資金を用意することができなくなってしまい、知人のCに買主の地位をそのまま移したいと考えました。Aもそれを了承し、CがBから買主の地位を引き継いだ場合、契約上の地位の移転があったことになります。契約上の地位の移転は、改正前から実務上は存在しているものですが、明文規定がなかったため、改正後の民法により明文化がなされました。具体的には、契約の当事者の一方が第三者との間で契約上の地位を譲渡する旨の合意をして、契約の相手方がそれを承諾した場合に、契約上の地位が移転すると規定されています（539条の2）。

PART3 25 弁済

債権総論

債権の給付内容が実現されると債権は消滅する

■ 弁済が債権消滅原因である

　弁済とは、借金の返済や物品の引渡しなど、債務者または第三者が債務の給付を実現して債権を消滅させることです。つまり、「貸したお金は戻ってくれば、それでよし」という考え方です。買った物であっても、受け取れれば、やはり目的を達します。このように、債権の給付内容を実現させる債務者または第三者の行為が弁済にあたります。普通、お金を返すことを返済といっていますが、民法が対象とするのは、お金を返すことばかりではありません。

　弁済は債権消滅事由のひとつですが、改正前はこれを明確にする規定が存在しませんでした。改正後の民法では、「債務者が債権者に対して債務の弁済をしたときは、その債権は、消滅する」（473条）と規定し、弁済が債権消滅事由のひとつである旨が明確にされています。

　ほとんどの債権の場合は、当然のことながら、弁済を完了させるためには債権者が受け取ってくれなければなりません。ただ、相手が行方不明であったり、わざと受け取らない場合などには、債務者は弁済ができないことになります。その場合には、債務者側で行うことのできる必要な準備行為をして、債権者の受領を求めるところまでいけば、少なくとも履行遅滞の責任は生じません（492条）。これを弁済の提供といいます。

　債務者は給付内容を給付場所に持参して受領を求めれば、弁済の提供があったことになります（493条本文）。これが現実の提供です。また、債権者があらかじめ受領を拒んだ場合には、

弁済と履行
民法では、弁済とともに履行という言葉もよく使用される。弁済と履行は同様の意味をさすが、弁済は、一定の給付が行われることによって、債権が消滅する時点を想定した用語である。これに対して、履行とは債権の内容を実現するために行われる、給付自体をさす用語として、一応の区別がされている。

現実の提供
条文上は「弁済の提供は、債務の本旨に従って現実にしなければならない」のが現実の提供である（493条本文）。

弁済の提供

- 弁済の提供
  - 現実の提供
    ⇒ 「債務の本旨」に従って給付内容が現実に提供されること
  - 口頭の提供
    ⇒ 債務の弁済に必要な準備を完了して、債権者に取立てにくるよう催告すればよい
    - 債権者があらかじめ弁済の受領を拒んでいる場合
    - 債務の給付にあたり債権者の行為が必要な場合

債務者は債務の弁済に必要な準備を完了して、債権者に取立てにくるよう催告（請求）すれば、弁済の提供の効果が認められます（493条ただし書）。これを口頭の提供といいます。債権者が受領を拒絶するという態様は黙示でもよいと解されています。そして、「弁済に必要な準備」とは、一般的には債権者が翻意して、債権を受領しようと考えたときに、いつでも受領できる体制を整えておく必要があります。とくに債権の内容が物の引渡しである場合には、実際の引渡しに必要な保管や、人員体制を整備しておかなければなりません。

■ 代物弁済が諾成契約であることを明示

代物弁済とは、弁済者と債権者との間で、債務者の負担した給付に代えて他の給付をして債務を消滅させる旨の契約（代物弁済契約）をすることです。その後に「弁済者が当該他の給付」をすることが「弁済と同一の効力を有する」ため（482条）、これにより債権が消滅します。たとえば、Aが借金を返済する代わりに、自己所有の不動産をBに引き渡して借金を消滅させる旨の契約をAB間で行うことです。その後にAが当該不動産をBに引き渡すことで、Aの借金が消滅します。

> **受領拒絶の典型例**
> 債権者の受領拒絶の典型例としては、建物の賃貸借契約において、賃貸人が賃料の増額を希望している場合に、増額した賃料でなければ、賃借人が支払おうとする賃料の受領を受け付けないという場合などが挙げられる。

> **弁済者**
> 債務者または弁済ができる第三者のこと。

従来は、代物弁済契約が諾成契約であるか、または要物契約であるかが不明確でした。今回の改正では、代物弁済契約が「諾成契約」である旨を明確にし、他の給付がなされた時に債権が消滅することにしました。さらに、代物弁済の一方当事者を「債務者」（改正前482条）から「弁済者」に変更し、弁済ができる第三者も代物弁済の当事者となることを明記しました。

なお、改正民法により、制限行為能力者が弁済（代物弁済）として物の引渡しをした場合、その弁済を取り消したときは、その者は、さらに有効な弁済をしなければ、その物を取り戻せないとする規定（改正前476条）が削除されました。

■ 第三者も弁済ができるのが原則

弁済できるのは何も債務者本人だけとは限りません。第三者が債務者のために弁済することも可能です。これを第三者弁済といいます（474条）。なお、改正前民法の下では、債務の性質上第三者が弁済できないものや、当事者が反対の意思を表示している場合は弁済できないとしていました。

改正民法では、改正前とほぼ同じ規定を置いています。つまり、第三者弁済は原則として有効ですが（474条1項）、債務の性質が第三者弁済を許さないとき、または当事者が第三者の弁済を禁止・制限する旨の意思表示をしたときは、第三者弁済が無効となります（474条4項）。

次に、民法474条4項が適用されず第三者弁済が無効でないとしても、「正当な利益を有する者でない第三者」は、①債務者の意思に反する弁済をしても無効ですが、債務者の意思に反するのを債権者が知らなかった場合は例外的に有効となります（474条2項）。また、②債権者の意思に反する弁済をしても無効ですが、債務者の委託を受けて弁済するのを債権者が知っていた場合は例外的に有効となります（474条3項）。従来は「利害関係を有しない第三者」（改正前474条2項）と規定していま

要物契約／諾成契約
当事者の合意に加えて、物の引渡をなすことを成立要件とする契約のことを要物契約という。当事者の合意だけで成立する諾成契約と対置される。

改正前476条の規定
この規定は制限行為能力者の保護にとって問題があると考えられていたため、改正により削除された。

正当な利益を有する第三者
判例によると、保証人、物上保証人、抵当不動産の第三取得者、借地上の建物の賃借人などが「正当な利益を有する第三者」として挙げられている。

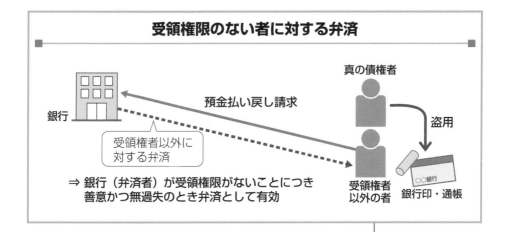

したが、これは民法500条の「正当な利益を有する者」と同じ意味である（法律上の利害関係を有する者を意味する）と解されていましたので、今回の改正で用語の統一を行いました。

■ 受領権限のない者に対する弁済

たとえば、預金通帳と銀行印を盗んだ者が、銀行の窓口で何食わぬ顔をしてお金を引き出す場合のように、債権者らしい外観を持って現れるような場合があります。もし銀行が預金の支払いに応じるのであれば、改正前はそれを「債権の準占有者に対する弁済」と呼んでいました。改正民法では、改正前民法の下での判例・通説を踏まえて、債権の準占有者のことを「受領権者以外の者であって取引上の社会通念に照らして受領権者と認められる外観を有するもの」と具体化しました。その上で、受領権限のない者に対する弁済は、弁済者が善意かつ無過失のときに有効となる旨を明記しました（478条）。

さらに、民法478条で処理すれば十分であることを理由に、「受取証書の持参人に対する弁済」（改正前480条）が削除されました。

> **受領権者**
> 改正民法では、受領権者を「債権者及び法令の規定又は当事者の意思表示によって弁済を受領する権限を付与された第三者」と定義づけている。

PART3 26 弁済の方法

債権総論

弁済の方法・時間・場所等に関する規定が置かれている

■ 弁済の方法

弁済の方法に関しては、弁済者が弁済と引き換えに、受領者に受取証書の交付を請求できます（486条）。その他にも以下の注意点があります。

① **特定物の現状引渡しができる場合（483条）**

債権の目的が特定物の引渡しである場合は、「契約その他の債権の発生原因及び取引上の社会通念に照らしてその引渡しをすべき時の品質を定めることができない」ときに、弁済者が引渡し時の現状で引渡しをすべきと定めています。

② **預貯金口座への振込みによる弁済（477条）**

口座振込みに関して、「債権者の預金又は貯金の口座に対する払込みによってする弁済は、債権者がその預金又は貯金に係る債権の債務者に対してその払込みに係る金額の払戻しを請求する権利を取得した時に、その効力を生ずる」と定めています。

③ **弁済の場所・時間（484条）**

弁済の場所に関して、「弁済をすべき場所について別段の意思表示がないときは、特定物の引渡しは債権発生の時にその物が存在した場所において、その他の弁済は債権者の現在の住所において、それぞれしなければならない」と定めています。

④ **弁済の提供について（492条）**

弁済の提供とは、債務者として必要な行為をして、債権者の協力を求めることです。また、弁済の提供により「債務の不履行によって生ずべき一切の責任を免れる」と規定されていましたが（改正前492条）、改正民法では「債務を履行しないことに

特定物の現状引渡しに関して

改正民法の下では、本文記載の条文が置かれたことにより、契約や取引上の社会通念などで引渡し時の品質を定めることができる場合は、それに従うべき（定められた品質の特定物を引き渡すべき）ことが明確になった。そのため、民法483条によって、特定物の引渡しが現状引渡しで足りる場面はわずかであると解されている。

弁済の時間

弁済の時間に関して改正法は、商法520条を取り入れて、「法令又は慣習により取引時間の定めがあるときは、その取引時間内に限り、弁済をし、又は弁済の請求をすることができる」との規定を追加した。これにより、商法520条は削除された。

> ### 弁済の方法に関する規律
>
> - **特定物の現状引渡しができる場合が限定される**
>   → 契約などの発生原因や取引上の社会通念に照らして品質を定めることができない場合に限定
> - **預貯金口座への振込みによる弁済の効力発生時を明文化**
>   → 払込みに係る金額の払戻しを請求する権利の取得時に弁済の効力発生
> - **弁済の場所・時間に関する規律の追加**
>   → 法令・慣習で取引時間の定めがある場合は、取引時間内に限り弁済または弁済請求ができる
> - **弁済の提供で免れるのは履行遅滞責任であるのを明文化**
>   → 改正前の通説の解釈を明文化した

よって生ずべき責任を免れる」と変更されています。しかし、弁済の提供により免れるのは履行遅滞責任であると解するのが通説でしたので、解釈上の変更はありません。

■ 弁済の充当

　弁済の充当とは、弁済者が1個または数個の債務の全部を消滅させるのに足りない給付をしたときに、いずれの債務の給付に充てるべきかという問題です。なお、数個の債務の場合は、同一の債権者に対して同種の給付を目的とする数個の債務を負担するときに限り問題となります（488条1項、489条1項）。たとえば、売買代金債務と貸金債務という同じ金銭債務の履行として、弁済者が金銭の支払い（同種の給付）をした場合に、弁済の充当が問題となります。

　まず、①当事者の合意（充当すべき債務の指定）があれば、その合意に従います（合意充当、490条）。次に、当事者の合意がなければ、②弁済者が給付時に指定を行ことができます（488条1項）。一方、弁済者の指定がなければ、③受領者が受領時

に指定を行うことができます（488条2項）。

②③は指定充当といいます。そして、当事者の合意も指定もなければ、④民法の規定に従って充当を行います（法定充当）。たとえば、債務の中に弁済期にあるものとないものがあるときは、弁済期にあるものに先に充当します（488条4項1号）。また、債務について元本の他に利息や費用を支払うべき場合は「費用→利息→元本」の順に充当します（489条1項）。

■ 弁済目的物の供託（弁済供託）とは

弁済目的物の供託は、単に供託と呼ばれることが多く、弁済者が債権者のために弁済の目的物を供託所に預けて、その債務を免れる（債権者の債権を消滅させる）とする制度です。たとえば、AがBに対する100万円の貸金債務を弁済しようとしたが、Bがその受領を拒絶した場合、Aは供託所に100万円を預けることで、Bの貸金債権を消滅させることができます。

弁済者は、以下の①～③のいずれかに該当する場合に、債権者のために弁済目的物の供託ができます。弁済供託の要件は改正前とは大きく変わりませんが、①は判例の見解を条文化したものです。前述のケースはBが受領を拒絶しているので、①に該当します。

① 弁済の提供をしたが、債権者が受領を拒んだとき。
② 債権者が弁済を受領することができないとき。
③ 弁済者が債権者を確知することができないとき。

■ 自助売却とは

自助売却とは、弁済者が裁判所の許可を得て、弁済目的物を競売に付して、その代金の供託ができる制度です。弁済者は、以下の①～④のいずれかに該当する場合に、自助売却を行うことができます。改正後は④が追加されたため、自助売却を行えるケースが広がったということができます（497条）。たとえば、

供託所
金銭や有価証券などを預かり、その保管をする機関。全国の法務局や地方法務局などに設置されている。

債権者不確知
債権者不確知について弁済者に過失があるときは、③に該当しない（494条2項）。

数個の債務の場合の弁済の充当

債務者A　売買契約に基づく代金支払債務　債権者B
金銭の支払い（同種の給付）
金銭消費貸借契約に基づく貸金返済債務

【弁済の充当の問題】

充当の方法
- ① 当事者の合意（合意充当）
- ② 給付時の弁済者（A）の指定　┐
- ③ 受領時の受領者（B）の指定　┘指定充当
- ④ 民法の規定に従った充当（法定充当）⇒費用→利息→元本の順に充当

弁済目的物が生鮮食品のときは①または②に該当し、自助売却が認められると考えられます。
① 弁済目的が供託に適しないとき。
② 弁済目的物に滅失、損傷その他の事由による価格の低落のおそれがあるとき。
③ 弁済目的物の保存に過分の費用を要するとき。
④ ①～③に掲げる場合の他、弁済目的物を供託することが困難な事情があるとき。

■ 弁済供託の効果

弁済者が弁済目的物または自助売却による代金を供託した時に、債権者の債権が消滅するという効果が発生します（494条1項柱書）。それとともに、債権者には供託物還付請求権が発生します。改正前は供託物還付請求権に関する明文規定がありませんでしたが、改正後の民法では、条文化されました（498条1項）。ただし、債務者が債権者の給付に対して弁済をすべき場合には、債権者は、その給付をしなければ、供託物を受け取ることができません（498条2項）。

PART3 27 弁済による代位

債権総論

弁済を行った第三者が債務者に対する求償権を確保するために債権者の一切の権利を行使できる制度

■ 弁済による代位とは

弁済による代位とは、弁済を行った第三者が、債務者に対する求償権を確保するため、債権の効力や担保として債権者が有していた一切の権利を行使できるとする制度です（499条）。

たとえば、AがBに対して100万円の貸金債務を負担し、貸金債務の担保としてA所有の土地に抵当権を設定していた際に、第三者Cが貸金債務をすべてBに弁済したとします。この場合、Cは、Aに対して100万円の求償権を取得しますので、この求償権を確保するため、土地の抵当権を実行して競売代金から100万円の回収ができます（次ページ図）。

弁済による代位には、①弁済をするについて正当な利益を有する者が弁済したときに債権者に代位する法定代位と、②その他の者（正当な利益を有しない者）が弁済したときに債権者に代位する任意代位があります。

法定代位の場合は、特段の手続を経なくても、弁済によって当然に債権者に代位します（500条かっこ書）。債権者や債務者の意思に反しても第三者弁済ができる「正当な利益を有する者」が弁済したときに、その弁済者が法定代位者となります。

一方、任意代位の場合、改正前は弁済と同時に債権者の承諾を得ることを必要としていました（改正前499条1項）。しかし、弁済を受領しながら代位を拒絶することには問題があるとされ、改正民法では債権者の承諾を不要としました。この結果、正当な利益がなくても、弁済によって当然に債権者に代位することになりました。法定代位と任意代位の相違点は、任意代位の場

正当な利益を有する者

保証人、物上保証人、抵当不動産の第三取得者が正当な利益を有する者の例として挙げられる。

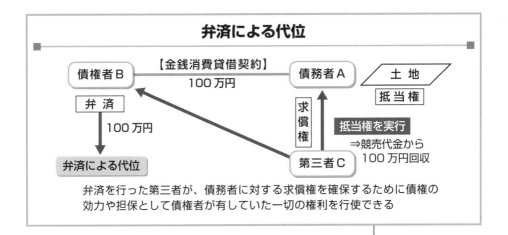

合に限り、債権譲渡の対抗要件を備えなければ、債権者に代位した事実を対抗できないことに求められます（500条）。

■ 弁済による代位の効果

債権者に代位した者（法定代位者・任意代位者）は、「債権の効力及び担保として債権者が有していた一切の権利」を行使することが可能です（501条1項）。具体的には、債権の担保として設定していた抵当権・質権などを行使する、履行遅滞による損害賠償請求権を行使するなどが考えられます。

ただし、この場合の「一切の権利」の行使は、債権者に代位した者が「自己の権利に基づいて債務者に対して求償をすることができる範囲内」（求償権の範囲内）に限定されます（501条2項）。前述のケースでCが100万円の回収ができるとするのは、CのAに対する求償権が100万円であるからです。

また、改正民法では、共同保証人間の弁済による代位の効果が条文化されました。具体的には、保証人の1人が他の保証人に対して債権者に代位する場合は、自己の権利に基づき他の保証人に対して求償ができる範囲内としました（501条2項かっこ書）。

> **債権者の同意に関して**
> 改正法においては、債権者の同意に変わる形で、正当な利益を有する者でない第三者が債権者の意思に反する弁済をしても無効とする規定（474条3項本文）が追加されている。

PART3 28 法定代位者相互の関係

債権総論

代位者が複数いる場合等において公平を考慮した規定が置かれている

法定代位者相互間の関係

法定代位者相互間の関係
本文記載の変更点の他、改正民法では第三取得者に代位する場面で要求されていた、抵当権などの登記に代位を付記しておくこと（付記登記）も不要になる。

第三取得者
債務者や物上保証人から担保目的の財産（抵当権が設定された不動産など）を譲り受けた者。

■ 法定代位者相互間の関係

　法定代位者が競合する場合の関係について、民法は規定を置いています（501条3項）。改正前は、保証人や物上保証人が、第三取得者に対して債権者に代位することが規定されていました（改正前501条1号）。しかし、この点は民法501条1項から導かれるため、改正法の下では削除されました。

　たとえば、BがAに対して1000万円の貸金債務を負担し、この債務の担保としてBが家屋に抵当権を設定し、Cが保証人となった後、家屋をDに売却したとします。この場合、D（第三取得者）が1000万円全額を弁済しても、C（保証人）に対して保証債務の履行を請求できません（①）。

① **第三取得者と保証人・物上保証人との関係**

　弁済をした第三取得者は、保証人や物上保証人に対して債権者に代位しません。そこで、第三取得者は、保証人に保証債務の履行を請求したり、物上保証人の担保を行使することができません。

② **第三取得者同士の関係**

　弁済をした第三取得者の1人は、各財産（担保目的の財産）の価格に応じて、他の第三取得者に対して債権者に代位します。

③ **物上保証人同士の関係**

　弁済をした物上保証人の1人は、各財産の価格に応じて、他の物上保証人に対して債権者に代位します。たとえば、前述のBがAに対して1000万円の貸金債務を負担しているという事例で、C（不動産価額が1500万円）もD（不動産価額が500万円）

第三取得者と保証人との関係

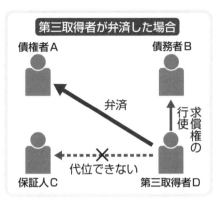
第三取得者が弁済した場合

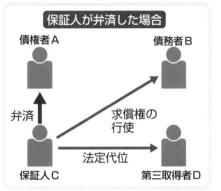
保証人が弁済した場合

も物上保証人であったというケースを考えてみましょう。この場合、各物上保証人の不動産の価額の比は3対1ということになりますので、それぞれの負担部分は、Cが750万円、Dが250万円ということになります。このときCが1000万円全額を債権者Aに対して弁済したとすると、CはAに代位して、Dに対して、Dの負担部分である250万円について支払請求を行うことができます。

④ 保証人と物上保証人との関係

法定代位者相互の関係に関する規定は、やや複雑ですので、事例を簡略化して、まず保証人が複数いる場合の代位について考えてみましょう。保証人が複数いる場合には、それぞれの保証人の負担部分は、頭数に応じて定まることになります。たとえば、前述のBがAに対して1000万円の貸金債務を負担しているという事例で、CもDも保証人であったというケースを考えてみましょう。この場合、保証人が2人いるので、各保証人の負担部分はC・Dともに500万円ずつということになります。

したがって、Cが1000万円を債権者Aに対して弁済したとす

ると、Cは債権者Aに代位して、Dに対して500万円について支払請求することが可能になります。これにより、弁済を先に行って、代位する前後関係によって、保証人の一方のみが不当に有利に扱われることを防いでいるのです。

保証人と物上保証人との間では、その数に応じて、債権者に代位します。ただし、物上保証人が数人あるときは、保証人の負担部分を除いた残額につき、各財産の価格に応じて、債権者に代位します。

⑤ 第三取得者や物上保証人の譲受人への適用

第三取得者から担保目的の財産を譲り受けた者は、第三取得者とみなして①②を適用します。一方、物上保証人から担保目的の財産を譲り受けた者は、物上保証人とみなして①③④を適用します。

■ 一部弁済による代位は債権者とともに行う

改正前の民法の下では、債権の一部の弁済があった場合の代位（一部弁済による代位）について、代位者が単独で抵当権を実行できるとする判例がありました。しかし、改正民法では判例の見解を変更し、代位者による単独での権利行使を認めないとしました。具体的には、「債権者の同意を得て、その弁済をした価額に応じて、債権者とともにその権利を行使することができる」（502条1項）とともに、「債権者は、単独でその権利を行使することができる」（502条2項）と規定しています。また、改正前からの判例の見解を踏まえて、債権者が行使する権利は、「その債権の担保の目的となっている財産の売却代金その他の当該権利の行使によって得られる金銭」について、代位者の行使する権利に優先する旨の規定が追加されています（502条3項）。

■ 債権者による担保の喪失・減少

弁済をするについて正当な利益を有する者（法定代位権者）

一部弁済による代位

BがAに1000万円の貸金債務を負担し、Bが自己所有の土地に抵当権を設定している事例で、CがAに300万円を一部弁済した場合、CはAの同意を得て、Aとともに土地の抵当権を行使できる。土地が800万円で競落されたとすると、まずAが700万円の弁済を受け、残り100万円の弁済をCが受ける（次ページ図）。

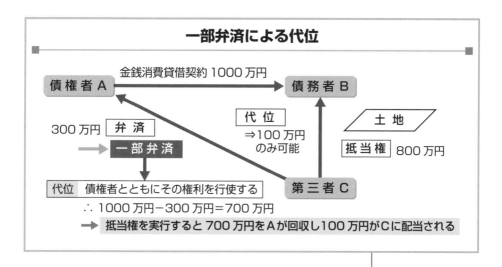

がある場合に、債権者が故意または過失によって担保を喪失・減少させたときは、法定代位権者は、代位するにあたって担保の喪失・減少によって償還を受けられなくなる限度で、その責任を免れます（504条1項前段）。判例の見解を踏まえて、法定代位権者の責任減免の効果について改正前の規定を修正したものです。

たとえば、前述（174ページ）のケースで、債権者Aの過失により抵当権のついた家屋が損傷して価値が800万円に減少した場合、保証人Cは、1000万円のうち200万円分の償還を家屋から受けられなくなるため、この200万円分について責任を免れます。また、改正民法においては、法定代位権者が物上保証人である場合において、物上保証人から担保目的の財産を譲り受けた第三者やその特定承継人も、責任減免の効果を主張できるとする判例の見解を条文化しています（504条1項後段）。

さらに、債権者が担保を喪失・減少させたことにつき「取引上の社会通念に照らして合理的な理由がある」ときは、法定代位権者の責任減免の効果が生じないとの例外も規定しています（504条2項）。

担保保存義務

債権者による担保の喪失・減少の制度は、担保保存義務を債権者に課していると言われることがある。ただ、条文上は債権者による担保の喪失・減少があると法定代位権者に責任減免の効果が生じるとするだけで、債権者の担保保存義務を直接的に明記しているわけではない。

相殺

意思表示により互いに持ち合っている債権を消し合うことができる

■ 相殺とは

相殺とは、お互いの貸し借りや損得などを対当額で消し合う意思表示のことです。たとえば、AがBに100万円の貸金債権を有し、BがAに100万円の売買代金債権を有する場合に、お互いの債務を100万円（対当額）で消し合うというAまたはBの意思表示が相殺です。このとき、相殺の意思表示をする者の債権を自働債権、相殺の意思表示をする者の債務（相手方の債権）を受働債権といいます。本来、2つの債権が存在する以上、お互いの弁済が必要になりますが、相殺することにより実際の弁済が不要になります。

相殺の制度は、簡易迅速な決済を可能にする機能と、実質的な債権回収を図る機能（相殺の担保的機能）を有しています。

簡易迅速な決済を可能にするとは、相殺は相互に弁済しあうというわずらわしさを避けることによって、簡単に処理することができるということです。つまり、相殺が認められることによって、実際には金銭を授受することなく、債権債務関係を決済することが可能になります。そして担保的機能とは、相殺は対立する債権債務がその対当額の範囲では、相手が弁済してくれなくても回収できる、という意味で相互に担保的機能を果たし、当事者の公平を図っているということです。つまり、仮に債務者が多重債務を負っており、債務の返済が困難になってしまっても、相殺を行うことで債権を実質的に回収することができ、他の一般債権者に対して実質的に優先することができます。実務上は、この担保的機能が重要です。

相殺は単独行為

相殺は相手方に対する一方的な意思表示によって行われる単独行為である。当事者の合意に基づいて、お互いの債務を消し合うのは「相殺契約」である。

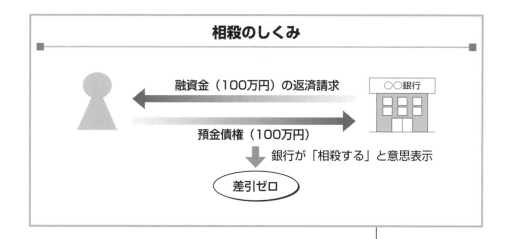

　たとえば、AがBに200万円の債権を、BがAに200万円の債権をもっていたとして、Aが何らかの事情で返済資力が不十分になってしまった場合を考えましょう。

　このとき相殺が許されないとすると、Aからの請求に対してはBは弁済できますが、Bからの請求に対しては、Aは事実上弁済できないため、Bは損害を被ることになります。結局、Aからは弁済が受けられないのに、一方的にBは弁済を強要されるに等しいことになりかねません。相殺をすることによって、このような不公平な事態を回避することができます。

　銀行の総合口座も担保的機能を利用したものです。総合口座では、定期預金の残高がある場合、その一定割合を自動的に借りることができます。銀行は預かったお金がありますから、たとえ債務者が無一文になって貸し付けた金銭を返してくれない場合であっても、預金債権と相殺し、実質的には融資金を回収したのと同様の効果を導くことができるのです。

　したがって、意思表示のみによって、金銭などを供出せずに債務を免れる効果を得られるのが、相殺の大きな特徴です。

相殺の要件と効果

PART3 30

債権総論

相殺適状にある場合に相殺を行うことができる

■ 相殺の要件等

相殺の意思表示を行うための要件（505条1項）は、①2人がお互いに同種の目的を有する債務を負担している、②双方の債務が弁済期にある、③債務の性質上相殺が許されない場合ではない、④相殺禁止に該当しない、の4つです。これらの要件を満たして相殺の意思表示ができる状態を相殺適状といいます。

要件①の「同種の目的を有する債務」は、双方の債務が物の給付を目的とするときに問題となるのに対し、金銭を目的とするときはとくに問題となりません。また、要件②について、受働債権は弁済期到来前でも期限の利益（57ページ）を放棄して相殺ができます。受働債権（自己の債務）は弁済期前であっても、期限の利益を放棄して弁済することができるからです（136条2項）。したがって、②の要件は実質的には、自働債権の弁済期が到来しているかどうかを問題にしているといえます。要件③については、主に現実に給付が行われなければ無意味であるような債務については、相殺を行うことはできません。たとえば、歌手の出演契約における歌唱等を行う債務は、実際に行われなければ意味がないものですから、仮に債務者が債権者に対して反対債権を持っていても、相殺を認めることはできません。

以下、改正前からの制度変更もある要件④を説明します。

■ 相殺禁止とは何か

相殺禁止とは、債務の性質にかかわらず、当事者の意思表示または法令の規定によって、相殺が許されない場合のことで、

相殺適状
改正前と同じく、時効消滅した債権がそれ以前に相殺適状になっていれば、債権者は、当該債権を自働債権とする相殺ができるとの規定が維持されている（508条）。

不法行為債権等を受働債権とする場合の相殺禁止

【改正前】

不法行為により生じた債権を受働債権とする相殺を一律禁止

↓ 損害賠償債務が人の生命・身体の侵害で生じたか否かで区別

【改正後】

- 人の生命または身体の侵害（死亡または負傷）による損害賠償債権を受働債権とする相殺は一律禁止される
  →被害者に現実の給付を受けさせる必要性が高い

- 人の生命または身体の侵害以外の不法行為の場合は、悪意（積極的加害意思）による不法行為に基づく損害賠償債権を受働債権とする相殺のみが禁止される
  →物損などは現実給付の必要性が当然には高くない

以下の4つに分類されます。

① 相殺制限特約がある場合

改正後の民法では、相殺を禁止または制限する意思表示（相殺制限特約）は、これを知りまたは重大な過失で知らなかった第三者に対抗できると規定しています（505条2項）。改正前は「善意の第三者に対抗することができない」（改正前505条2項ただし書）と規定していましたが、債権の譲渡制限特約との整合性より、悪意または重過失がある第三者には相殺制限特約を対抗できるとしました。

② 不法行為債権等を受働債権とする場合

相殺に関して、不法行為債権等を受働債権とする相殺禁止について、改正前から大きな制度変更が伴っていますので注意する必要があります。改正前は、不法行為により生じた債権を受働債権とする相殺を一律禁止していました（改正前509条）。し

> **相殺契約は可能**
> 相殺禁止は、あくまでも一方的な意思表示による相殺を禁ずるものである。よって、当事者の合意によって互いの債務の消し合いを可能とする相殺契約の方法によることは可能である。

PART3　債権総論

かし、改正法では、損害賠償債務が人の生命・身体の侵害により生じたか否かで区別しています。

まず、人の生命または身体の侵害（死亡または負傷）による損害賠償債務を受働債権とする相殺は、一律禁止されます（509条2号）。この場合は被害者に現実かつ速やかな給付を受けさせる必要性が高いからです。また、この場合に相殺を認めることで、不法行為の誘発につながる恐れがあるためです。一方、人の生命または身体の侵害以外の不法行為（物損など）の場合は、現実給付の必要性が当然には高くないため、悪意による不法行為に基づく損害賠償債務を受働債権とする相殺のみが禁止されています（509条1号）。ここでの「悪意」とは、単に知っているだけでは足りず、積極的加害意図が必要であると解されています。

③ 差押えを受けた債権を受働債権とする場合

差押えを受けた債権を受働債権とする相殺については、判例（無制限説）とその反対説（制限説）とで見解の対立がありましたが、改正法は判例を採用しました。つまり、差押えを受けた債権の第三債務者は、差押後に取得した債権による相殺をもって差押債権者に対抗できないのに対し、差押前に取得した債権による相殺をもって差押債権者に対抗できる旨を明確にしています（511条1項）。

たとえば、AがB（第三債務者）に100万円の甲債権を有し、BがAに100万円の乙債権を有する場合、その後にAの債権者（差押債権者）が甲債権を差し押さえても、乙債権は差押前に発生しているため、Bは甲債権を受働債権とする相殺が可能となります。

④ 差押禁止債権を受働債権とする相殺

差押禁止債権を受働債権とする相殺は禁止されています（510条）。差押禁止債権の例として、生活扶助請求権などがあります。

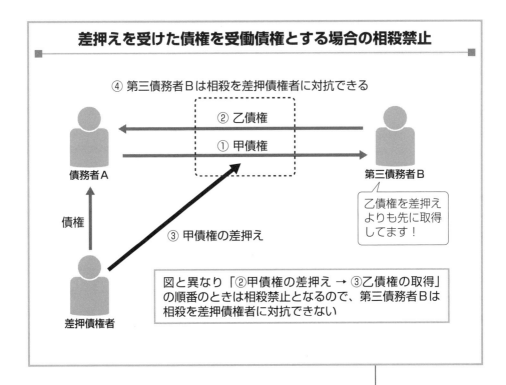

■ 相殺の効果

相殺の意思表示は、条件や期限を付することができず、相殺適状時に遡って効力を生じます（506条）。改正後の民法では、自働債権・受働債権が複数ある場合に、相殺をする債権者の債権（自働債権）が、債務者に対して負担する債務（受働債権）の全部を消滅させるのに足りないときは、当事者の充当合意がある場合を除き、民法512条・民法512条の２に従い、相殺適状が生じた時期の順序に従って充当されます。とくに元本・利息・費用の充当の順番について充当合意がないときは、指定充当を認めず、法定充当によるとしたことは、改正前の下での判例の見解とは異なる規定になっています。

Column

更改契約に関する法改正

　新しい債務を成立させることによって、かつての債務を消滅させる契約のことを更改契約といい、改正前の民法においても、当事者が「債務の要素」を変更する契約をしたときは、元々の債務は、更改によって消滅すると規定されていました。しかし、改正前の規定では、「債務の要素」という言葉はわかりにくく、具体的にどのような契約内容の変更が、更改契約の対象になるのかが不明確でした。そこで改正後の民法は、具体的にその内容を明示しています。つまり、①金銭の支払いを土地の引渡しに変更するなど「従前の給付の内容について重要な変更をする」契約、②もともと債務者がAであった契約を債務者Bとしての契約に改めるような「従前の債務者が第三者と交替する」契約、③債権者Cから債権者Dに変更するような「従前の債権者が第三者と交替する」契約という3つの類型が、更改契約として認められます（513条）。

　また、②の債務者の交替による更改について、改正前の民法は、債務者の意思に反する債務者の交替はできないと定めていました。しかし、更改により債務から解放される者の意思を要求するのは妥当でないとして、改正後の民法では、債権者と更改後に債務者となる者との契約（二面契約）によって、債務者の交替が可能であると規定されました（514条1項前段）。さらに改正後の民法では、類型③の債権者の交替による更改について、更改前の債権者、更改後に債権者となる者、債務者の契約（三面契約）によって更改が可能であると明示する規定が新設されています（515条1項）。

　なお、更改前の契約において担保が設定されていた場合、債務者の意思にかかわらず、「債権者（債権者の交替による更改については、更改前の債権者）」が、債務の担保として設定された質権や抵当権を更改後の債務に移すことができる旨が明示されています（518条1項）。

PART 4

債権各論

PART4 1

債権各論

契約自由の原則

契約の相手方・内容・方式については原則として自由である

■ 契約自由の原則とは

民法には、自由な意思に基づいてのみ権利を取得し、義務を負うという大原則があります。これに則って、①契約を締結するか否か（契約締結の自由）、②誰を相手に契約を結ぶのか（相手方選択の自由）、③どのような内容の契約を締結するのか（内容決定の自由）、④契約を書面にするか口頭で済ませるか（方式の自由）などについて、基本的に当事者が自由に決定することができるという考え方を、契約自由の原則といいます。

契約自由の原則に関して、民法は契約締結の自由を条文化しています。また、内容決定の自由も条文化されています。ただし、法令の制限内において認められた自由ですので、殺人を依頼する契約などのように、反社会的な法制度に違反することが明らかな内容を含む契約を結ぶことはできません。さらに、契約締結の方式に関しての自由も認められています。

契約には、以下のように分類できます。

① 双務契約と片務契約

契約当事者が、お互いに対価的な債務を負担する契約を双務契約といいます。双務契約では、双方の債務のつながり（牽連性）が認められます。たとえば、売買契約で、売主に目的物を引き渡す義務が生じ、買主は代金を支払う義務を負いますが、ここでの目的物と代金の関係を対価的関係といいます。

これに対し、一方だけが債務を負担する契約や、双方の債務が対価的関係にないような契約を片務契約といいます。

② 有償契約と無償契約

売買契約の内容に対する規制

売買契約においては、とくに売主が事業者であれば、売主側と買主側（消費者）とでは商品等に対する知識に圧倒的な差が生じているため、買主にとって不当に不利な内容の契約が結ばれることも少なくない。そこで、消費者契約法10条の規定により、買主が一切の不都合を主張することを禁じる旨の売買契約は無効になると規定されている。

契約締結の自由

「何人も、法令に特別の定めがある場合を除き、契約をするかどうかを自由に決定することができる」と規定している（521条1項）。

内容決定の自由

「契約の当事者は、法令の制限内において、契約の内容を自由に決定することができる」と規定している（521条2項）。

契約締結の方式

原則として「書面の作成その他の方式を具備することを要しない」と規定している（522条2項）。

契約自由の原則

契約自由の原則	
① 契約を締結するか否か（契約締結の自由）	
⇒ 契約をするかどうかを自由に決定することができる	
② 誰を相手に契約を結ぶのか（相手方選択の自由）	
③ どのような内容の契約を締結するのか（内容決定の自由）	
⇒ 法令の制限内において、契約の内容を自由に決定することができる ∴ 法令に違反する内容の契約（殺人の依頼など）を結ぶことはできない	
④ 契約を書面にするか口頭で済ませるか（方式の自由）	
⇒ 書面の作成等による必要はないと規定されている	

契約当事者が、互いに経済的な支出をする契約を有償契約、そうでない契約を無償契約といいます。双務契約はすべて有償契約ですが、有償契約は必ずしも双務契約ではありません。有償契約には売買の規定、たとえば売主の契約不適合責任に関する規定などが準用されます（559条）。

③ 諾成契約と要物契約

当事者の意思表示の合致だけで成立する契約を諾成契約といい、当事者の合意の他に、一方が物の引渡しその他の給付をなすことを成立要件とする契約を要物契約といいます。

④ 典型契約と非典型契約

民法の定める13種類の契約を典型契約、あるいは名前が与えられているという意味で有名契約ともいいます。13種類の典型契約として、贈与、売買、交換、消費貸借、使用貸借、賃貸借、雇用、請負、委任、寄託、組合、終身定期金、和解が民法に規定されています。これ以外の契約を非典型契約（無名契約）といいます。契約自由の原則の下、公序良俗に反するような内容でない限り、この13種類の契約と内容の異なった契約を締結することができます。

PART4 2 契約の成立時期

債権各論

申込みと承諾が合致することによって契約が成立する

■ 申込みと承諾による契約成立の明示

たとえば、買主と売主が土地の売買契約を結ぶという場面を考えてみましょう。買主が「この土地を買おう」と考えて、その意思を売主に伝えることが売買契約締結への第一歩になります。

契約は、「○○を売ってください」「○○を買いませんか」というような呼びかけに始まって、重要な事項について合意することで成立します。通常、先になされた呼びかけを申込み、それに対する合意の返答を承諾といい、申込みと承諾の意思表示が合致することで契約が成立します。もっとも、申込みは「承諾があれば契約を成立させようという意思表示」をさします。そのため、商店で値札をつけて商品を展示しているのは申込みといえますが、求人広告などは、それを見て応募してきた者を面接して採用するかしないかを決めますから、申込みそのものではなく、申込みの誘引にあたります。承諾は、「申込みを受けた契約を成立させる意思表示」です。もし、変更を加えて承諾するというのであれば、これは承諾ではなく新しい条件での申込みとなります。

民法522条1項は、契約の申込みに対して、相手方が承諾をしたときに契約が成立すると明記しています。

■ 契約成立時期に関して

申込みと承諾という2つの意思表示が、いつの時点で合致したといえるのでしょうか。民法上は、他の意思表示と同様に、契約の申込みや承諾の意思表示について到達主義が採られ、申

> **申込みの誘引**
> 求人広告の例では、求人広告が申込みの誘引、それを見て応募することが申込み、企業から採用を告げることが承諾となる。

契約の成立時期

```
土地
売主 ←①『この土地を買いたい』という意思を伝える【申込み】  買主
     <意思の合致=売買契約の成立>
     ②『この土地を売ります』という意思を伝える【承諾】
```

◎申込み・承諾ともに「到達主義」が採られる
◎承諾のための期間を定めた場合
　承諾の意思表示が遅延して届いた場合、申込みを行った者は相手方に通知する義務はない ⇒ この場合、原則として契約は成立しない
◎承諾のための期間を定めなかった場合
　原則として一定期間経過後でなければ、申込みの意思表示を撤回できない

込みや承諾の意思表示が相手に到達することにより、申込みや承諾として効力を生じることになります。

また、承諾のための期間を定めて行った申込みについて、原則としてその期間内は撤回できません。そして、遅延して承諾の意思表示が届いた場合、改正前は申込みを行った者が、相手方に遅延した旨を通知しなければなりませんでしたが、改正後は、遅延して承諾の意思表示が届いた場合、原則として契約は成立しません。また、承諾のための期間をとくに定めずに行った申込みについて、改正後の民法は、改正前の隔地者間に限定するルールという方式は採らずに、一般的な規定として、原則として一定期間経過後でなければ、申込みの意思表示を撤回することはできないと規定しています。

なお、対話者間の申込みに関して、対話が継続している間は、いつでも申込みを撤回できるが、対話が継続している間に申込者が承諾の通知を受けなかった場合には、その申込みは効力を失います。

改正前民法の規定

改正前の民法では、物理的に離れた相手(隔地者)に対する申込みに対して承諾を行うという場面を想定して、早期に取引を成立させるため、承諾の意思表示は、それが発信された時点で契約が成立する(発信主義)と規定していた。しかし、今日では、実際に対面で契約を結ぶのでも、隔地者間であっても、インターネットなどの情報通信技術の発展に伴い、承諾の意思表示が届くまでの時間に大きな差は生じないため、申込みと承諾とで扱いを違える必要性がなくなった。

同時履行の抗弁権

PART4 3
債権各論

相手が債務を履行するまで、自分の債務の履行を拒むことができる権利

■ 双務契約の履行上の牽連関係

売買などの双務契約の各当事者が負担する債務は、お互いに対価的意義を有するものです。つまり、相手の債務があるからこちらの債務もあるという関係にあります。たとえば、売主の目的物引渡債務（時計の引渡し）と買主の代金支払債務（時計代金1万円の支払い）について、一方の債務の履行が他方の債務の履行と無関係になされるというのでは、公平ではなく、また、取引の簡易迅速な処理にも適さないでしょう。お金は払ったが品物はもらえなかったり、支払いだけはまた後日というのは面倒です。そこで、できるだけ一緒に処理しましょう、ということになります。

このような、双務契約の一方の債務が履行されない間は、他方の債務も履行されなくてよい、という関係を履行上の牽連関係といいます。同時履行の抗弁権はそれが具体化されたものです。

> **原状回復義務の同時履行**
> 双務契約の履行の場面以外にも、契約の取消し・無効・解除に伴う両当事者の原状回復義務（54・200ページ）が同時履行の関係に立つ。

■ 同時履行の抗弁権

双務契約の当事者の一方が、相手方が債務の履行を提供するまで、自己の債務の履行を拒むことができる権利を同時履行の抗弁権といいます（533条）。条文には、「相手方がその債務の履行の提供をするまでは」とあるのですから、相手方が自分の債務を履行しようとしないで、ただこちらの債務の履行だけを迫っている場合にだけ、同時履行の抗弁権は使えるということになります。一方、相手方の債務の弁済期が到来していない場合には、同時履行の抗弁権は使えません。

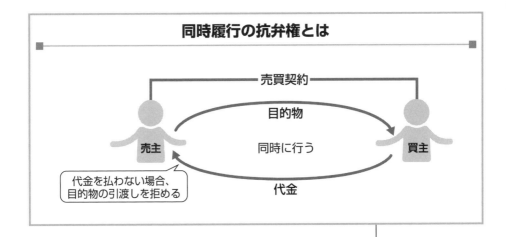

ところで抗弁というのは、相手の主張や請求に対して、「○○までだめだ」というように「言い返す」ことです。そのような抗弁のできる権利が抗弁権というわけです。そして、民法533条では「同時に履行せよという抗弁のできる権利」が規定されているということになります。

■ 留置権と同時履行の抗弁権

同時履行の抗弁権が認められるケースの多くでは、留置権も認められます。これも、公平という見地から認められた制度です。留置権では物の引渡しが問題となりますが、同時履行の抗弁権は売買などの双務契約の場合に発生するものです。

たとえば、庭にボールが飛び込んでガラスを割ってしまった場合に、ガラスの弁償をするまでボールを引き渡さないということは、留置権としてであれば主張する余地があります。しかし、ガラスを弁償することは双務契約に基づく債務ではないので、同時履行の抗弁権として主張することはできません。

また、同時履行の抗弁権は、当事者の一方だけが先に履行させられることの不公平を避けるのを目的としているのに対して、留置権は債権の担保を目的としています。

> **引換給付判決**
> たとえば買主が時計の引渡しを請求する訴訟を提起した時に、売主が同時履行の抗弁権を行使した場合、買主の請求を棄却せず、「売主は買主による代金の支払と引換えに時計を引き渡せ」との判決をすることになる。これを引換給付判決という。

PART4 4 危険負担

債権各論

両当事者に責めがない事由により履行不能に陥った場合は履行拒絶権が発生する

■ 何が問題なのか

たとえば、中古車の販売の局面を考えてみましょう。売買契約を4月1日に締結して、買主への自動車の引渡しを4月30日と定めていたとします。その後、4月10日に発生した自然災害で中古自動車が大破した場合、売買契約における両当事者の債務はどのように扱われるのでしょうか。中古自動車は大破しているので、履行不能に陥っています。しかし、大破の原因は自然災害ですので、債務者である売主には帰責事由がなく、債務不履行責任は生じません。

契約が結ばれると当事者への拘束力を持つのが原則です。しかし、売買などの双務契約で、契約成立後に債務者に責任を問えない事情で給付が不能になった場合、その危険をどちらの当事者が背負い込むかという問題が「危険負担」です。

危険負担の問題の前提として、不能になった給付は何かを確認し、その給付を中心にして見たときに、その給付をなすべき立場にあった当事者が債務者、その給付を要求する立場にあった当事者が債権者、ということを確認する必要があります。

改正前の民法の下でも、当事者双方の責めに帰することができない事由によって債務の履行が不能になった場合、債務者は反対給付を受ける権利を有しないのを原則としていました。つまり、目的物の引渡債務を負う債務者(前述の事例における中古車の売主)は、その対価としての代金支払債権を受け取る権利を失うことになります。この考え方を債務者主義と呼んでいます。したがって、売買契約等において売主が危険を負担する

債務者主義

本文記載のように、当事者双方の責めに帰することができない事由によって債務の履行が不能になったときは、債務者は反対給付を受ける権利を有しないという考え方を、従来から危険を債務者が負担するという意味で、債務者主義と呼んでいる。

債権者主義

本文記載のように、改正前民法では特定物の危険負担に関して、別途条文が規定されていた。つまり、「その物が債務者の責めに帰することができない事由によって滅失し、又は損傷したときは、その滅失又は損傷は、債権者の負担に帰する」という規定が置かれていた。

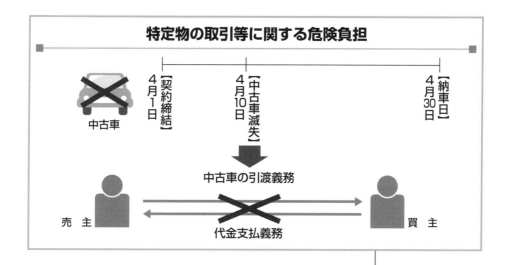

ことになりますので、売主の目的物を給付する義務が消滅するのと同時に、買主の代金支払義務も消滅します。

　もっとも、改正前民法の下では、事例の中古車のように特定物の売買等の場合、売主は目的物の引渡義務から解放される一方で、買主は目的物を得られないのに代金支払義務を免れないと規定されていました。つまり、特定物の売買等の危険負担に関して、「その物が債務者の責めに帰することができない事由によって滅失し、又は損傷したときは、その滅失又は損傷は、債権者の負担に帰する」という規定が置かれ、目的物が消滅等した場合の危険を、目的物引渡請求権における債権者（前述の事例における中古車の買主）が負担することになるという意味で、この考え方は債権者主義と呼ばれています。

　しかし、目的物が特定物であるのか否かによって、買主の代金支払義務の行方が左右され、とくに特定物の売買等の日常生活で多く行われる取引において、買主が目的物を得られないにもかかわらず、代金を支払わなければならないというのでは、あまりにも不当な結論であると批判されてきました。

　そこで、従来は解釈による運用により、できる限り債権者主

義を定めた条文が適用されることを回避して、不都合を解消するべく努力が行われてきました。

たとえば、危険負担の規定は任意規定であるため、当事者が目的物滅失等の危険の負担に関して、債権者主義とは異なる内容の特約を結んでいる場合には、債権者主義の規定が適用されないと解釈すると主張する立場がありました。そして、仮に契約条項に明文で特約が結ばれていないとしても、契約内容を解釈することで、当事者の意思は債権者主義を排除する契約を結んでいると考えられる場合には、暗黙の特約の存在を肯定してよいと主張する立場もありました。また、売買契約が締結された時点で所有権が買主に移転するのが民法の原則ですが、所有権と危険の移転とを切り離し、危険に関しては目的物が現実に買主へ引き渡された時点で、はじめて危険も移転すると考える立場もありました。

確かに、前述のような解釈を行うことで、特定物の取引において、未だに引き渡されていない時点で消滅した目的物について、買主がその代金を支払わなければならないという、明らかに不合理な結果を回避することは可能です。しかし、特約を契約内容から読み込むことが困難な場合には、依然として債権者主義が採られることになります。

また、危険の移転時期を、契約締結時からずらして考える解釈に関しても、その前提として危険の移転時期について様々な見解が主張され、一致していないという問題点があります。それ以上に、契約締結時に移転する所有権と、危険の移転時点について異なる扱いを行うという、民法の明文規定がない運用が許されるのか不明であるという批判が加えられていました。

■ 危険負担に関する民法の規定

改正後の民法では、「当事者双方の責めに帰することができない事由によって債務を履行することができなくなったときは、

債権者に帰責事由がある場合

債権者の帰責事由によって履行が不能となった場合、債権者は反対給付の履行を拒否できない（536条2項）。たとえば、売買において履行不能につき帰責事由がある買主は、代金支払いを拒否できない。

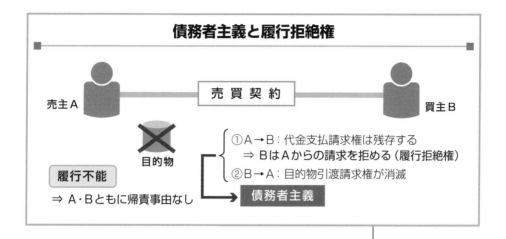

債権者は、反対給付の履行を拒むことができる」(536条1項)として、両当事者に責任がない事情によって、履行が不能になった場合には、両当事者が自身の債務の履行義務から解放されることが明らかにされています。これによって、改正前は解釈で運用しなければ合理的な結論が導き出されなかった問題に対して、一定の解決策が与えられたことになります。

もっとも、危険負担に関する条文の規定では、「反対給付の履行を拒むことができる」として、履行拒絶権という形で記載されていることには留意が必要です。つまり、債務自体は残っていることを意味するため、債務自体を消滅させたい場合は、契約解除をすることになります。一応制度の上では、目的物が滅失等した場合において、買主が拒否しなければ、売主は代金の支払いを受けることも可能になります。

また、履行不能に基づく契約の解除についても、債務者の落ち度(帰責事由)が要件になっていないため、前述した事例の中古車の買主は、履行拒絶権として代金の支払いを拒むことも可能であるとともに、売買契約を解除することにより、代金支払債務を消滅させることも可能です。

第三者のためにする契約

PART4 5
債権各論

契約の一方当事者が第三者に対して債務を負う契約

■ 何が問題なのか

たとえば、土地の売買契約が締結されたという事例を考えてみましょう。本来であれば、売主は、目的物である土地について、買主に対して引き渡す義務を負います。ここで、この売買契約において、たとえば買主が売主に依頼して、売買の目的物を買主自身にではなく、第三者に対して引き渡すことを要求する場合があります。この場合、売主はこの第三者に対して直接債務を負担することを、本来の買主と契約の中で約束することになります。このように、契約当事者の一方が第三者に対して直接に債務を負担することを、その相手方に対して約束する契約のことを、第三者のためにする契約といいます。

ところが買主が、自分自身ではない第三者として、半年後に生まれる予定の胎児を指定し、この胎児に対して土地を引き渡してほしいという内容の契約であったとすると、このような第三者のためにする契約は認められるのでしょうか。

民法においては、「契約により当事者の一方が第三者に対してある給付をすることを約したときは、その第三者は、債務者に対して直接にその給付を請求する権利を有する」として、第三者のためにする契約を認めています。そして、契約における売主は諾約者、買主は要約者、第三者は受益者にあたります。

しかし、前述の事例のように、契約締結時点で第三者である受益者が存在していない場合に、現在存在しない第三者のためにする契約が認められるのか否かについて、改正前の民法には規定がありませんでした。しかし、従来から解釈による運用が

諾約者／要約者
受益者に給付する義務を負う者を諾約者、その諾約者の相手方を要約者という。

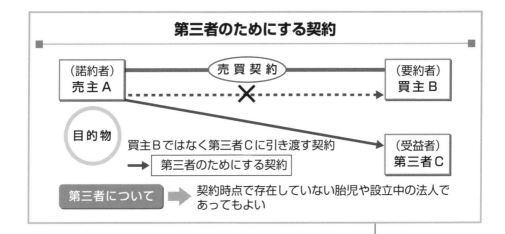

行われ、判例・学説ともに、現在存在しない第三者のための契約を結ぶことは可能であると考えられてきました。

■ 現在存在しない第三者について

　改正後の民法の下では、第三者のためにする契約の成立の時に第三者が現に存しない場合や、第三者が特定していない場合であっても、第三者のためにする契約の効力に影響を与えないことが明文化されています。したがって、前述の事例も胎児のための第三者のためにする契約として、土地の売買契約の効力が認められます。また、第三者（受益者）の権利は、その第三者が債務者に対して「契約の利益を享受する意思を表示した時」に発生することが規定されています。

　なお、第三者が利益を受けることを意思表示した後に、要約者や諾約者が契約を解除すること等は可能なのでしょうか。この点について、民法は第三者の権利が発生した後に、「債務者がその第三者に対する債務を履行しない場合には、要約者は、その第三者の承諾を得なければ、契約を解除することができない」という規定が置かれ、受益者の承諾なく、受益者の権利を奪うことはできないことが明らかにされています。

> **現に存在しない第三者の例**
> 胎児の他には設立中の法人なども第三者（受益者）に含まれる。

PART4 6

債権各論

解除

相手方が債務を履行しない場合に契約等の解除ができる

■ 解除が問題になる場合

　契約を締結したのであれば、お互いに信義を守り、誠実に履行しなければならないはずです。もちろん、両当事者が納得して「この契約は、なしにしよう」というのであれば、それはそれでいいでしょう。契約はなかったことにできます。これを合意解除といいます。当事者が「こういう場合には解除する」と約束していたときは、その状況になれば解除ができます。これを約定解除といいます。そのような場合でなくても、当事者の一方が、自分だけの意思表示によって、契約がなかったことにすることができる場合があります。これを法定解除といいます。本来、守るべき契約を一方的にやめるわけですから、よほどの理由がなければ法定解除はできません。

　民法では、契約の相手方（債務者）が債務を履行しない場合、一定の要件の下で、契約を解除（法定解除）することを認めています。契約の解除によって、その契約は当初からなかったことになります。

　たとえば、AがB中古車店から希少なクラシックカーを150万円で購入し、納車を10日後とする売買契約を締結した場合を考えてみましょう。Aは契約締結日にB店に対して購入代金の支払を済ませましたが、納車日になってB店のスタッフが車を出庫する際にヘッドライトを破損したとします。このヘッドライトには代替部品がないときに、Aは契約を解除して代金の返還を望む場合に、解除の是非が問題になります。

当事者間のバランスを考慮する理由

実際、履行しない相手に強制するよりも、解除によって自分の債務もないことにしてしまう方が得策という場面も多いためである。

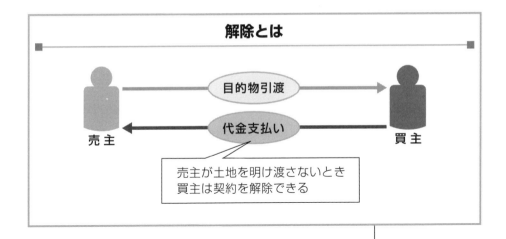

■ 解除の要件

　民法は、一定の場合に解除権（法定解除権）という権利が発生して、その権利を意思表示によって行使するという構成をとっています。法定解除権の発生する一般的な原因は、相手方の債務不履行です。履行遅滞の場合には、相当の期間を定めて履行を催告することが必要ですが（541条）、履行不能の場合は催告は不要とされています（542条1項1号）。

　従来、契約解除が認められるためには、ⓐ債務の履行がないこと（債務の不履行）、ⓑ債務者に帰責事由があること、ⓒ債権者から債務者に履行の催告をすることを必要とするのが原則でした。しかし、契約解除を認める趣旨は、債務者に対する制裁ではなく、契約の拘束力から債権者を速やかに解放することにあると考えられるようになりました。このように考えると、債務者の帰責事由の有無を問わず、債務の履行がなければ債権者を契約の拘束力から解放すべきとの結論が導かれます。改正民法では、前述の考え方を踏まえて、ⓑの債務者の帰責事由を契約解除の要件から除外しました（541条、542条）。

　また、ⓒの履行の催告については、改正後の民法では、催告なしで契約解除ができる場合が増えています。

> **軽微な不履行**
>
> 軽微な不履行の場合にまで契約の解除ができるとすると、債務者にとって過度に不利益となる場合もある。そこで、改正後民法の規定により、不履行に関して軽微なものは解除の対象から除外されている。

■ 解除の効果と第三者

解除すると、契約ははじめからなかったことになります。もし、一方の当事者がすでに履行していたら、それは元に戻さなければなりません。引き渡されていた品物は売主に返され、支払われていた代金は買主に返されなければならないのです。これを原状回復義務といいます。

ただし、民法545条により、解除をしても第三者の権利を害することはできないとされています。判例・通説によると民法545条で保護される第三者とは、「解除された契約から生じていた法律関係を基礎として、解除までに新たな権利を取得した者」をいうとされています。AがBに家を売り、BがCに転売したあとで、Bの債務不履行を理由にAが売買契約を解除したとしましょう。この場合のCが第三者にあたり、Aが解除して原状回復することになっても、Cの権利は守られます（Aは家を取り戻せず、Bに損害賠償を請求することになります）。

■ 催告解除ができない場合が明文化されている

民法においては、債務者の帰責事由なき債権者の契約解除による債務者の不利益を考慮して、債務の不履行が「契約及び取引上の社会通念に照らして軽微」である場合には、催告を要する契約解除（催告解除）ができないことが明文化されています（541条ただし書）。なお、民法541条ただし書は催告解除にのみ適用されますので、後述する催告を要しない契約解除（無催告解除）には適用されません。

■ 無催告解除ができる場合が増えた

改正前の民法では、催告なしに契約を解除できる場合（無催告解除）として、①特定の日時や期間内に履行しないと契約の目的が達成できない場合（定期行為）、②履行の対象となる商品などを破壊ないし焼失するなどして履行が不可能となった場

債務者の帰責事由が不要になる

契約解除の要件として、かつては債務の履行がないことに関する債務者の帰責事由（落ち度）が必要だった。しかし現行法では債務者の帰責事由は不要である。これによって、債務者は自身に帰責事由がないことを主張して、債権者による契約解除を阻止することができなくなる。
一方、債務の履行がないことに関して「債権者に帰責事由がある」場合、債権者は契約解除を行うことができないことが明文化された（543条）。

催告解除ができない場合

従来の民法の下でも、判例において軽微な債務不履行に基づく催告解除はできないとされてきた。そのため、民法の規定は判例の趣旨を明文化したものということができる。

解除の要件

解除の要件
① 債務の履行がないこと(不履行の事実)
② 債権者から債務者への履行の催告

- 債務の不履行が「契約及び取引上の社会通念に照らして軽微」である場合
  ⇒ 催告を要する契約解除(催告解除)ができない
- 無催告解除ができる場合
  (1) 履行の対象となる商品などを破壊・焼失するなどして履行不能になった場合
  (2) 債務者が履行を拒絶する意思を明確に表示した場合
  (3) 債務の一部の履行が不能であるとき、または債務者が一部の履行を拒絶する意思を明確に表示したときで、残存する部分だけでは契約の目的が達成できない場合
  (4) 特定の日時や期間内に履行しないと契約の目的が達成できない場合(定期行為)
  (5) 履行の催告をしても契約の目的を達する履行が見込めないのが明らかな場合

合(履行不能)が限定的に定められていました。

民法改正により、①②の場合に加えて、③債務者が履行を拒絶する意思を明確に表示した場合、④債務の一部の履行が不能であるとき、または債務者が一部の履行を拒絶する意思を明確に表示したときで、残存する部分だけでは契約の目的が達成できない場合、⑤履行の催告をしても契約の目的を達する履行が見込めないのが明らかな場合にも、無催告解除ができることが明文化されています(542条1項)。

なお、①〜⑤は契約の全部について無催告解除をする場合の規定ですが、民法改正により、契約の一部について無催告解除ができる場合も明文化されました。具体的には、債務の一部の履行が不能である場合、または債務者が一部の履行を拒絶する意思を明確に表示した場合に、契約の一部を無催告解除することができます(542条2項)。

定型約款

PART4 7
債権各論

不特定多数の者との取引のために画一的な内容をあらかじめ条項として用意しておくことができる

■ 定型約款とは

民法は、定型約款を「定型取引において、契約の内容とすることを目的としてその特定の者により準備された条項の総体をいう」と定義しています。「定形取引」とは、ある特定の者が不特定多数の者を相手とする取引であって、その内容が「画一的」であることが双方にとって合理的なものをいいます（548条の2第1項）。保険約款、預金規定、通信サービス約款、運送約款、カード会員規約は、すべてのユーザーに共通する内容なので、定型約款にあたる可能性が高いといえます。

たとえば、月額課金のオンラインストレージサービスを提供するA社の例を考えてみましょう。A社はユーザー登録画面に利用規約を表示して、当該利用規約が契約内容に含まれることに同意する旨のボタンがユーザーによって押されてから、月額課金サービスに移行する方法を採っています。

このような場合、ユーザーが利用規約のすべての条項を把握して合意していることは通常期待できません。しかし、利用規約が契約の内容とはならないとされると、個別に契約交渉をするなどの煩雑な手続が必要となり、A社にとってもユーザーにとっても事務処理の負担が増えます。そこで、不特定多数の者との画一的な取引を迅速かつ効率的に行うため、利用規約を定型約款として契約の内容とすることが求められます。

■ 定型約款の内容

民法では、定型取引をすることの合意（定型取引合意）が

定型約款に関する民法の規定

本文記載のように、民法はすべての約款を網羅的に規律しておらず、約款全般に妥当する規律を定めたものではないことに注意が必要である。一般的に約款とは、不特定多数の者と取引することを想定して、定型的な条項をあらかじめ定めておき、それを契約の内容とするものをいう。民法は約款の中から最もスタンダードな部分を抽出したものを「定型約款」と名付けて、その要件や効果を規定している（民法548条の2～548条の4）。

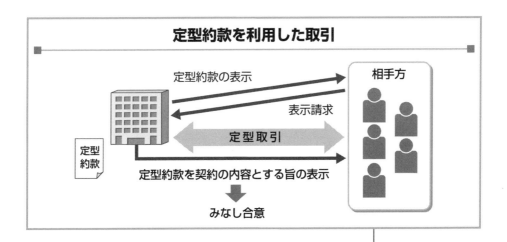

あった際に、①定型約款を契約の内容とすることの合意もあった場合、または②定型約款を契約の内容にする旨をあらかじめ相手方に表示していた場合には、定型約款の個別の条項について合意があったものとみなすと規定しています（548条の2第1項）。これを「みなし合意」と呼んでいます。

このように定型約款について特別な効力を与えることで、定型取引において画一的な契約関係の処理が可能となります。とくに②の場合は、相手方が定型約款を全く見ていなくても合意があったとみなされる場合がある点は注目に値します。

みなし合意の制度は、不特定多数の者との画一的な取引を迅速かつ効率的に行うために有用なものです。しかし、常に合意があるとみなされると不都合が生じる場合もあります。そのため、一定の場合には個別の条項がみなし合意の対象から除外される規定が置かれています。具体的には、相手方の権利を制限したり、義務を加重する条項であって、定型取引の態様・実情や取引上の社会通念に照らして、信義則（信義誠実の原則）に反して相手方の利益を一方的に害すると認められるときには、そのような個別の条項については合意をしなかったものとみなされます（548条の2第2項）。

②の「あらかじめ」

ここでの「あらかじめ」は、定型取引合意の前を意味するので、定型取引合意をする前に相手方に表示しなければならない。

> **公共交通機関の利用に関する定型約款**
> 鉄道・バスなどの公共交通機関の利用に関する定型約款については、定型約款を契約の内容にする旨を「公表」していれば、相手方に表示しなくてもみなし合意が成立することが、個別の法律で規定されている。

この除外規定に該当する条項の例として、不当条項や不意打ち条項が挙げられます。不当条項とは、契約違反をした相手方に過大な違約金を課する条項や、逆に、定型約款を準備する側（定型約款準備者）の責任を不当に免責したり、賠償額を不当に僅少にする条項などをさします。不意打ち条項とは、定型取引と関連性のない製品やサービスを、通常予期しない形でセット販売している条項などをさします。

■ 定型約款の表示（開示）義務

定型取引について合意した場合で、定型約款を契約の内容にする旨をあらかじめ相手方に表示していた場合には、定型約款の個別の条項についても合意があったとみなされます。その場合でも、相手方から請求があれば開示に応じなければなりません。

また、定型取引合意の前または定型取引合意後相当の期間内に相手方から表示（開示）の請求があった場合には、定型約款準備者は、遅滞なく相当な方法で定型約款の内容を表示しなければなりません（548条の3第1項）。たとえば、相手方から請求されたときに定型約款を掲載したWEBページのURLを提示するなど相当な方法で表示することが想定されます。なお、定型取引合意後相当の期間内における相手方からの表示請求を拒否した場合でも、定型約款自体は契約の内容になります。ただし、この場合は定型約款を表示する義務が履行されておらず、定型約款準備者は債務不履行責任を負う可能性があります。

これに対して、定型取引合意前に相手方から定型約款の開示請求があったのに、正当な理由なく拒否した場合は、みなし合意の規定が適用されず、定型約款自体が契約の内容にはなりません（548条の3第2項）。

■ 定型約款の変更が可能な場合

定型約款を利用して不特定多数の相手方と取引を開始してい

定型約款の変更が可能な場合

| 定型約款 | → | 不特定多数の者と取引を行うために定めている |

【事後的に変更が必要な場合】いずれかの要件を満たす必要がある

① 定型約款の変更が相手方の一般の利益に適合するものであること
② 定型約款の変更が契約の目的に反せず、変更の必要性、変更後の内容の正当性、約款上の変更に関する定めの有無・内容などの事情に照らして合理的なものであること

- - → いずれかの要件を満たす場合、変更に関する事項をインターネット等で周知することが必要

る状態であっても、事後的にその定型約款を変更する必要が生じる可能性もあります。その場合に、すでに取引関係にある者に個別に合意を求めるとすれば、円滑な取引ができなくなるおそれがあります。そこで民法は、一定の要件を満たしている場合には、相手方の個別の合意がなくても定型約款を変更できるものとしています。具体的には、個別の合意なき定型約款の変更が認められるためには、次のいずれかの要件を満たす必要があります（548条の4第1項）。

1つは、定型約款の変更が相手方の一般の利益に適合するものであることです。もう1つは、定型約款の変更が契約の目的に反せず、かつ、変更の必要性、変更後の内容の正当性、約款上の変更に関する定めの有無・内容、その他の変更にかかる事情に照らして合理的なものであることです。

なお、いずれかの要件を満たしている場合において、実際に定型約款の変更が効力を生じるためには、①定型約款を変更する旨、②変更後の定型約款の内容、③変更後の定型約款の効力発生時期の3点について、インターネットその他適切な方法で周知することが必要です（548条の4第2項、第3項）。

定型約款の変更について

定型約款の変更が契約の目的に反せず、かつ、変更の必要性、変更後の内容の正当性、約款上の変更に関する定めの有無・内容、その他の変更にかかる事情に照らして合理的なものである場合には、変更に関する条項がない場合でも、定型約款を有効に変更できる可能性があるといえる。ただし、変更に関する条項の有無は重要な考慮要素といえるため、通常は定型約款に条項として含まれるものと考えられる。

PART4 8 贈与

債権各論

相手方に無償で財産権を移転する契約

■ 贈与契約における問題点

贈与とは、無償で財産を相手に与える契約をいいます。たとえば、AがBに、「車をタダであげるよ」と約束する場合です。売買契約が有償契約の典型例と言われるのに対して、契約の当事者は、対価的な地位に立ちませんので、贈与契約は無償契約の典型例として挙げられることが多いようです。有効な贈与契約が締結された場合、当事者の一方は、相手方に対して財産権を移転する義務を負います。また、贈与した者は目的物を引渡しまで保管する義務を負い、これを怠ると債務不履行責任を負わなければならないことに注意が必要です。

改正前の民法では、贈与について「自己の財産」を無償で相手方に与える契約と定めていました。さらに、他人の財産を贈与することについて、売買に関する改正前民法560条（他人の権利の売買における売主の義務）のような規定が存在しませんでした。そのため、他人の財産を目的とする贈与（他人物贈与）が有効なのかという議論があったのです。

他人物贈与の有効性については、従来から、判例（最判昭44.1.31）が「他人の財産権をもつて贈与の目的としたときは、贈与義務者は自らその財産権を取得して受贈者に移転する義務を負うもので、贈与契約として有効に成立する」と述べて、他人物財産の贈与を認める形をとっていました。

そこで、判例の考え方を採用して、改正後の民法では、改正前民法549条の「自己の財産」という部分を「ある財産」という文言に改めることによって、他人の権利を目的とする贈与

> **他人物贈与の有効性**
> 本文記載の判例理論と同様に、学説においても、従来から他人物贈与について有効性を承認する考え方が通説となっていた。

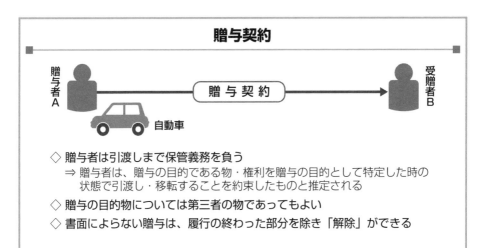

(他人物贈与)の有効性が明確にされています。

■ 書面によらない贈与の解除

書面によらない贈与は、履行の終わった部分を除き、各当事者が「解除」を行うことができます（550条）。改正前は「撤回」の用語が用いられていましたが、意思表示をしていない受贈者からの主張を認めるのであれば「解除」を用いるのが適切だと判断されました。

■ 贈与者の引渡義務など

民法では、贈与が無償契約であるのを考慮した上で、贈与者の引渡義務について、「贈与者は、贈与の目的である物又は権利を、贈与の目的として特定した時の状態で引き渡し、又は移転することを約したものと推定する」という当事者の意思を推定する規定が置かれています（551条1項）。

もっとも、民法551条1項は推定規定にとどまりますので、贈与契約における当事者の意思から贈与者の引渡義務が確定されるのであれば、その義務内容が優先されます。

撤回

自ら行った意思表示の効力を消滅させること。

売買契約の効力と手付

PART4 9
債権各論

解約手付について相手方が履行に着手していなければ手付を放棄して契約を解除できる

■ 売買と手付の種類

売買は、おそらく世の中で最も頻繁に行われている契約です。民法は、「売買は、当事者の一方がある財産権を相手方に移転することを約し、相手方がこれにその代金を支払うことを約することによって、その効力を生ずる」と規定しています（555条）。売買は、代表的な有償契約・双務契約・諾成契約です。売買契約の効力として、売主は目的物の財産権を買主に移転すべき義務を負い、買主は代金支払義務を負います。

ところで、家や土地などの大きな買い物の場合には、まず手付を支払い、それから残額の支払いをするのが一般的です。手付は、契約成立時に、買主から売主に交付される金銭その他の有価物（お金に限らない）です。手付にもいくつかの種類・性質がありますが、民法は、原則として解約手付としています（557条）。

解約手付とは、手付の金額だけの損失を覚悟すれば、相手方の債務不履行がなくても契約が解除できるという趣旨で交付される手付です。つまり、解約手付を払うということは、約定解除権を留保するという意味になるわけです。

■ 手付と契約の解除について

たとえば、土地の売買契約において、1000万円の価値がある土地である場合に、100万円程度の手付金（解約手付）が支払われる場合があります。もし買主が、すでに売主に対して土地の代金を支払うための段取りを整えている場合に、買主の側か

売主の義務

売主は、ただ目的財産を引き渡すだけでなく、目的財産が不動産であれば移転登記、債権であれば譲渡通知というように第三者に対する対抗要件を買主が備えるところまで協力する義務がある。

手付に類似した金銭（内金、申込証拠金）

内金は、単に代金の一部を支払うというだけの意味の金銭である。また、分譲マンションなどでは、申込証拠金と呼ばれるものがある。これは後で契約を結ぶための優先順位をとりあえず確保しておくために払っておく金銭である。申込証拠金の場合、契約が成立すれば代金に充当され、契約が成立しなければ返還されるのが原則である。手付とは異なり、売主側が倍返しをして契約締結の優先権を失わせることもできない。

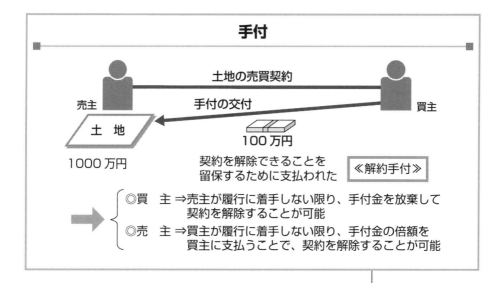

らこの契約を解除することができるのでしょうか。

　改正前の民法の規定では、買主が売主に解約手付を交付した場合に、「当事者の一方が契約の履行に着手するまでは、買主はその手付を放棄し、（売主はその倍額を償還して）」契約の解除ができると規定されていました。前述の事例において、売主が土地の引渡しのために具体的なプロセスを進めている場合はもちろん、条文上は、買主自身に履行の着手があったと認められた場合にも、買主は、手付を放棄して契約を解除することは困難であるようにも思われます。

　もっとも、改正前の規定は契約を解除される相手方の立場を考慮して、相手方が履行の着手に及んでいる場合には、解約手付による契約の解除を認めない趣旨であると考えられてきました。そこで改正後の民法は、この趣旨を反映して、相手方が履行に着手していない段階で、自らが手付を放棄して行う解除が許されています（557条1項）。前述の事例では売主が履行に着手しない限り、買主は手付を放棄して契約の解除ができます。

手付の様々な意味合い

本文記載の解約手付の他、手付には次のような意味のものがあると言われている。
①契約成立のために交付を求められる成約手付
②契約締結の証拠として授受される証約手付
③手付の交付者が債務を履行しないとき、違約罰として没収できる違約手付
④当事者が違約した場合の損害賠償額の予定

PART4 10 売主の契約不適合責任①

債権各論

売買の目的物に種類・品質・数量・権利において様々な欠陥が存在する場合、契約不適合にあたる

■ 売主の義務について

売主は売買契約において、当然の前提として、契約の内容に相応しい目的物の給付を行う義務を負います。改正後の民法の下では、他人物売買における売主の権利移転義務を肯定する一方で、さらに範囲を拡大し、権利の一部が他人に属している物を売った場合にも、売主がその他人から権利を取得して買主に移転する義務を負うことが明記されています（561条）。そして、買主の追完請求権が条文に盛り込まれ（562条）、種類・品質・数量・権利について契約で前提とされている基準を満たさない場合に、契約の内容に沿った履行の給付を求めることができます。

たとえば、売主が設定した抵当権の付着した土地の売買契約では、抵当権が実行されて買主が不動産の所有権を失うおそれがあるため、目的不動産に抵当権が付着していることは「権利が契約の内容に適合しないものである場合」（565条）にあたり、買主は追完請求権を行使して、売主に対して抵当権を消滅させる措置を請求できると考えられます。

また、売買契約の目的物について、とくに数量を指示して締結する売買契約（数量指示売買）があります。たとえば宅地の売買契約で100㎡の土地が目的物であると定められていたのに、実際には95㎡の土地であった場合等が挙げられます。不動産が目的物の場合は不足分を補うのは困難といえますが、一般に数量指示売買において、売主は不足分を補って、契約で定められた数量を満たした目的物を買主に給付する義務を負います。

他人物売買

売主が所有権などの権利を持たない物を目的物として買主と売買契約をすること。たとえば、Aの所有する土地について、Bが売主、Cが買主となってBC間で締結される売買契約は他人物売買である。

権利移転義務の不履行に関する売主の責任等

改正前の民法の下では、原則として抵当権（または先取特権）が実行され、買主が所有権を失うことになった段階になって、はじめて買主が売主に対して担保責任を追及することができると定められていた。

売主の契約不適合責任

土地の売買契約

売主A ──────────────── 買主B

土地 {・権利の全部が他人に属している・権利の一部が他人に属している
　　　・土地に抵当権が付着している・数量が不足しているなど

⇒「種類・品質・数量・権利に関して契約の内容に適合しない」(契約不適合)

↓

買主は売主に対して契約不適合責任を追及することができる

○ 売主の契約不適合責任と買主の代金支払債務が、同時履行の関係に立つ
○ 売買の目的物について権利を主張する者が現れて、そのために買主が買い受けた権利の全部または一部を失うおそれがある場合に、その危険性の大きさに応じて、代金の全部または一部の支払を拒むことができる

■ 売主の契約不適合責任と同時履行について

たとえば、売買契約において、売主の目的物引渡債務と、買主の代金支払債務は、当事者間の特約がなければ、相手方が債務の履行を提供するまで、反対当事者は自分自身の債務の提供を拒むことができます。これを同時履行の抗弁権といいます。

同時履行の抗弁権について、債務の履行が損害賠償請求権に転化した場合(これを填補賠償といいます)も含まれ、これは売主の契約不適合責任(損害賠償債務)と買主の代金支払債務が、同時履行の関係に立つことを示しています。

■ 買戻しについて

一度売却した目的物を、売却代金と契約費用を買主に返還することにより、売主が取り戻す「買戻し」について、民法は、当事者間で定めた金額による買戻しを認めるとともに、買戻しの特約を登記した場合には、第三者に対して買戻しの特約の存在を主張することを認めています。

> **改正後の民法における同時履行の抗弁権について**
>
> 「債務の履行に代わる損害賠償の債務の履行」の例として、契約不適合責任に基づく売主や請負人の損害賠償債務の履行などが挙げられる。これにより、改正前の民法で同時履行の関係が示されていた個別の条文(改正前民法571条、634条2項)が削除された。

売主の契約不適合責任②

契約不適合の割合に応じて代金減額請求を行うことができる

■ 買主の権利について（代金減額請求権）

　売買契約は、「当事者の一方がある財産権を相手方に移転することを約し、相手方がこれに対してその代金を支払うことを約することによって」効力が生じると規定されているように、買主の最も重要な義務は、代金支払義務ということができます。したがって、売主が給付する目的物の代価として、買主が目的物の価値に見合った代金を支払うことで、買主としての義務を果たすことができるという法制度を採用しています。

　売主の義務について取り上げた事例（210ページ）のように、売主が設定した抵当権の付着した土地の売買契約において、たとえば当事者間で定めた期日までに売主が抵当権を抹消できない場合には、買主は抵当権という負担がついた土地をそのまま取得しなければならず、買主が売買契約において期待した権利（抵当権が付着しないこと）を備えていないといえます。同様に、数量を指示して行った売買契約（数量指示売買）において、売主が指示した数量よりも少ない目的物を給付した場合も、目的物の対価として定められていた代金に見合うような目的物を、売主は給付できなかったことになります。

　このように、契約の内容に適合しない目的物が給付された場合、改正後の民法の下では、買主が契約不適合責任として、追完請求権、損害賠償請求権、契約解除権、代金減額請求権を取得することになります。とくに売買契約における、買主の基本的な義務ともいえる代金支払義務に対して、その減額を求めることが認められた点に非常に大きな意義があります。

> **追完請求権が認められた意義**
> 改正後の民法で、追完請求権が認められたことにより、目的物の不備に応じて、買主は目的物の修補、代替物の引渡し、不足分の追加引渡しなどを、売主に対して求めることが可能になった。

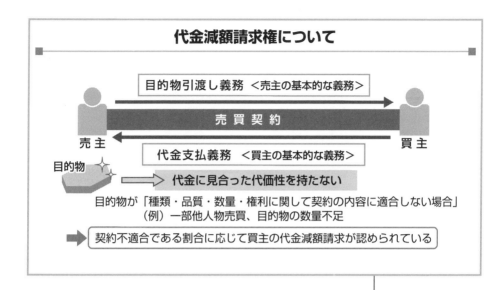

改正前の民法においては、買主が代金減額請求をすることができる場合として、売買の目的である権利の一部が他人に帰属しているために、売主がこの権利の一部を買主に移転することができない場合（一部他人物）に、不足する部分の割合に応じて代金の減額請求が可能であることを規定していました。また、数量指示売買において、指定した物が不足していたり、一部が契約締結時に滅失していた場合に代金減額請求が可能であることも、改正前の条文から明らかでした。しかし、それ以外の場合には、民法は基本的に損害賠償による「賠償」という概念を基本に据えて、買主の権利としての代金減額請求権を全面的に認めていませんでした。

これに対して、改正後の民法では、目的物の対価としての代金支払義務であることを重視して引き渡された目的物が、種類・品質・数量・権利に関して契約の内容に適合しない場合（契約不適合）として、一部他人物や数量指示売買以外のケースにおいても、買主が、契約不適合である割合に応じて、代金減額請求をすることが認められています。また、目的物に契約

権利の一部が他人に属する場合

一部他人物売買などをさすと考えられている。

当初から欠陥がある場合についても、代金減額請求権が認められています。

■ 権利を失うおそれがある場合の買主の代金支払いの拒絶

売買の目的物について権利を主張する者が現れて、そのために買主が、買い受けた権利の全部または一部を取得することができないか失うおそれがある場合に、その危険性の大きさに応じて、代金の全部または一部の支払を拒むことができます。

また、権利を主張する第三者が現れた場合だけでなく、たとえば債権の売買契約において、買い受けた債権の存在を否定する債務者がいるために、権利の全部または一部を失うおそれがある場合も代金の支払いを拒絶できます。

> **その他の事由の追加**
> 改正後の民法では「権利を主張する者があること」に加えて「その他の事由」を主張する者がある場合も、代金支払いを拒絶できる旨を明らかにした。この「その他の事由」に売買された債権の存在を否定する場合などが含まれる。

■ 買主の権利の期間制限

民法は、売主が「種類又は品質に関して契約の内容に適合しない目的物を買主に引き渡した場合」、買主が不適合を知った時から1年以内に、不適合であることを売主に「通知」しないとき、買主は、履行追完請求、代金減額請求、損害賠償請求、契約の解除ができないと定めています（566条）。つまり、種類や品質に関する不適合を知った時から1年以内に通知をしておけば、債権一般の消滅時効の期間内に契約不適合責任を追及できます。なお、売主が引渡しの時点で不適合につき悪意または重過失の場合、買主は、1年以内に売主へ通知しなくても、債権一般の消滅時効の期間内に契約不適合責任を追及できます。

> **買主の権利の期間制限**
> 改正前の民法においては、売主が負う責任は担保責任と呼ばれていたが、この場合、売主は目的物に瑕疵があるという事実を知った時から1年以内に、損害賠償請求や契約の解除などをしなければならないと規定していた。

■ 競売における買受人の権利について

競売により買受人になった人が、買い受けた目的物に欠陥（瑕疵）がある場合について、強制競売の他に「民事執行法その他の法律の規定に基づく競売」として、担保権の実行としての競売も含み、買受人は、目的物に不適合がある場合に、債務

> **競売における買受人の権利**
> 改正前の民法は、競売について裁判所による強制競売と担保権の実行としての競売を区別して、強制競売についてのみ担保責任を追及することができると規定していた。

者に対して、契約の解除や、代金の減額を請求することができると規定しています。もっとも、競売により買受人になった人は、ある程度の不適合があることは覚悟の上で、買受人になっていることが一般的ですので、競売の目的物の種類・品質に関する不適合については、契約不適合責任を追及できません。

> **債務者が無資力の場合**
> 買受人は、債務者が無資力の場合、代金の配当を受けた債権者に対し、代金の全部または一部の返還を請求できる（568条2項）。

■ 損害賠償の請求及び契約の解除について

　改正前は、数量を指示して売買した物（数量指示売買）に不足がある場合や、目的物の一部が契約の時にすでに滅失していた場合においても、買主がその不足や滅失を知っているときは、損害賠償をはじめ担保責任を追及することができませんでした。

　しかし、改正後の民法では、契約の内容に適合した債務の履行があったか否かが重要であるとして、これらの制限は削除され、広く契約不適合責任に基づいて、買主が履行追完請求、代金減額請求、損害賠償請求、契約の解除を行うことが可能になっています（218ページ）。

> **損害賠償の請求及び契約の解除**
> 改正前の民法においては、売買の目的物が地上権や永小作権その他用益物権の目的である場合に、そのために契約をした目的を達することができないときについても、善意の買主のみが契約の解除をすることができると規定されていた。

■ 目的物の滅失又は損傷に関する危険の移転

　たとえば、建物の売買契約において、すでに建物が買主に引き渡されていた場合に、当事者ともに責任がない事情によって建物が焼失したときに、買主は残代金の支払いを拒むことができるのでしょうか。民法には、こうした目的物の危険が移転する時期が明記されています。つまり、売主が買主に目的物（売買の目的として特定したものに限る）を引き渡した場合において、その引渡しがあった時以後にその目的物が当事者双方の責めに帰することができない事由によって滅失・損傷したときは、買主は、その滅失・損傷を理由として、履行追完請求、代金減額請求、損害賠償請求、契約の解除ができず、代金の支払いを拒絶できません（567条）。したがって、前述の事例においても、買主は建物が焼失したものの代金の支払いを拒絶できません。

PART4 12 売主の契約不適合責任③

債権各論

契約に不適合な目的物が引き渡された買主は、売主に契約不適合責任の追及を行うことができる

■ 売主の契約不適合責任

　有償契約・双務契約の代表である売買契約では、売主は対価である代金を得ているので、目的物が代金に見合う価値をもっていることについて、買主に対して責任を持たなければなりません。そうしなければ、売買代金と商品のバランス（等価性）が崩れてしまうからです。

　改正前の民法では、この等価性を保つ制度として、瑕疵担保責任の名の下で、とくに特定物に関する売主の責任を規定し、一般的な債務不履行責任とは別に、瑕疵担保責任を認めるという二元的な構造を採用していました。しかし、現実社会で起こる契約内容に関する売主の責任問題は、特定物のみに生じるものではなく、特定物と不特定物といった目的物の種類によって責任を異にする合理性はなく、むしろ契約内容に適切な給付が行われたかという観点から、売主の責任を一元的に構成する方が適切であると認識されるに至りました。

　たとえば、「微細な粉じんを含めたあらゆる粉じんを除去する」という目的で、高性能の空気清浄器を購入する売買契約を考えてみましょう。この空気清浄器のフィルターに若干の不具合があるため、一般的な空気清浄器と同等の性能は持っているが、買主が要求する高性能の物ではなく微細な粉じんは除去できなかったとします。とはいえ、売主は一般的な空気清浄器として、通常使用する上では特別の支障がない物を引き渡しています。

　この場合、改正前の民法では、売買の目的物に隠れた欠陥

契約の内容に適合しない目的物を引き渡された買主の採り得る手段

買主 ——あらゆる粉じんを除去する空気清浄器の売買契約—— 売主

フィルターに若干の不具合がある
↓
契約の内容に適合しない目的物の給付

買主が採り得る手段
① 追完請求権
② 代金減額請求権
③ 損害賠償請求権・契約の解除権

⇒ 各請求権を保全するために、契約の内容に適合しないことについて売主に「通知」が必要
（数量や権利の契約不適合に関しては通知不要）

（瑕疵）がある場合、売主の瑕疵担保責任を認めていましたが、「瑕疵」の意味が明らかではなく、一般にその物が通常持っているであろう性能を欠いている場合に「瑕疵」が認められると解釈されてきました。そうすると、とくに前述の事例のように空気清浄機として一般的に使用するには支障がないような場合、買主が売買契約の締結に至った目的として、あらゆる粉じんの除去ができるような、高性能な空気清浄器を望んでいたとしても、一般的な空気清浄器の引渡しという意味では、一応、売主としては義務を果たしたことになるといえます。しかし、買主の目的に沿うような空気清浄機の引渡しを行ったのかといえば、そのように言うことは難しいものと思われます。

そこで、改正後の民法では、従来の瑕疵担保責任を含む売主の担保責任に関係する規定を削除し、瑕疵という考え方を用いず、「契約不適合責任」という考え方を新たに導入して、「引き渡された目的物が種類、品質又は数量に関して契約の内容に適合しない」（562条1項）場合における買主の請求権を定める形で、売主の責任に関する制度を整えています。

> **権利の不適合**
>
> 「売主が買主に移転した権利が契約の内容に適合しない」（565条）場合も、契約不適合責任の対象となる。

■ 契約の内容に適合しない場合の救済手段

民法は、売買契約において契約の内容に適合しない給付を受けた買主に対して、主に以下の救済手段を用意しています。

① **追完請求権（562条）**

買主は、引き渡された目的物がて契約の内容に適合しない場合、売主に対して、ⓐ目的物の修補、ⓑ代替物の引渡し、ⓒ不足している分に関する追加の引渡しを請求することができます。

② **代金減額請求権（563条）**

買主は、ⓐ相当な期間を定めて上記の追完を催告しているにもかかわらず、売主によって適切な追完が行われない場合、ⓑそもそも履行の追完が不可能である場合、ⓒ売主が履行の追完を拒絶する意思を明確に表示した場合などには、追完が行われないことによる不適合の程度に応じて、売主に対して売買代金の減額を請求することができます。

③ **損害賠償請求および契約解除権（564条）**

買主は、一般の債務不履行に関する規定に則って、売主に対して損害賠償を請求することや、契約の解除をすることができます。

■ 追完方法について

改正後の民法は、買主に対して追完請求権を認めていますが、買主が請求した通りに対応しなくてもよい場合があります。売主は「買主に不相当な負担を課するものでないときは、買主が請求した方法と異なる方法による履行の追完をすることができる」と規定しているからです（562条1項ただし書）。前述の事例で、買主が別の空気清浄器を持ってくるよう指示した場合であっても、買主に大きな負担を与えない限り、売主は、代替品の給付ではなく、給付済みの空気清浄機の修理をすることによって、追完に応じることも許されることになります。

買主に帰責事由がある場合
契約不適合について帰責事由がある買主は、追完請求権や代金減額請求権を行使できない。

追完請求権
契約不適合であった部分についての補完を売主に請求するものなので、追完請求権と呼ばれている。

契約解除権の制限
一般の債務不履行と同じく、買主（債権者）に帰責事由がある場合は、契約不適合責任に基づく契約解除ができない（543条）。

追完方法および代金減額請求権について

売主A ── 売買契約 ── 買主B

目的物 → 契約不適合 ∴ 買主は売主に契約不適合責任を追及可能

追完方法について
① 目的物の修補
② 代替物の引渡し
③ 不足している分に関する追加の引渡しの請求

代金減額請求権が行使できる場合
① 相当な期間を定めて追完を催告しているにもかかわらず、売主が追完を行わない場合
② 履行の追完が不可能である場合
③ 売主が履行の追完を拒絶する意思を明確に表示した場合　　など

■ 期間制限について

　改正前の民法においては、買主が売主の担保責任として行使できる権利は、原則として1年以内に行使しなければならないと規定されていました。改正後の民法においては、契約の内容に不適合であることを理由として、履行の追完請求、代金減額請求、損害賠償請求、契約の解除などの権利を行使する場合には、買主がその不適合を知った時から1年以内に、不適合であることを、売主に対して「通知」しなければならないと規定しています。つまり、改正後の民法の下では、権利を保存するための期間が設けられているのみであるため、売主に通知を行うことで、各権利は保存されることになり、1年以内に行使しなくても消滅することはありません。その後は一般の債権の消滅時効期間内（原則として権利を行使できるときから10年間）であれば、買主は契約の内容が不適合であることに基づく各権利を行使できます。

通知が不要な場合
数量や権利に関する契約不適合の場合は、売主への1年以内の通知は不要である（214ページ）。

PART4 13 消費貸借

債権各論

借りた物を消費する代わりに同種・同等・同量の物を返還することを約束して成立する契約

■ 消費貸借とは

　消費貸借とは、当事者の一方（借主）が種類・品質・数量の同じ物を返還することを約束して、相手方（貸主）から金銭その他の物を受け取るとする契約です。住宅ローン・奨学金・キャッシングなど、金銭の返還を約束して金銭を受け取る消費貸借（金銭消費貸借）が広く利用されています。

　消費貸借は原則として要物契約です（587条）が、書面でする場合に当事者の合意だけで成立する諾成契約としての消費貸借（諾成的消費貸借）も認められています。具体的には、「書面でする消費貸借は、当事者の一方が金銭その他の物を引き渡すことを約し、相手方がその受け取った物と種類、品質及び数量の同じ物をもって返還をすることを約することによって、その効力を生ずる」と規定しています（587条の2第1項）。

　そして、諾成的消費貸借の借主は、貸主から金銭その他の物を受け取るまで、契約の解除ができます（587条の2第2項前段）。これは借主に受領義務がないことを示しています。ただし、契約の解除で損害を受けた貸主は、借主に損害賠償請求ができます（587条の2第2項後段）。

■ 準消費貸借とは

　準消費貸借とは、金銭その他の物の給付義務を負う者がある場合に、当事者がその物を消費貸借の目的とするのを約束したときに、消費貸借が成立したとみなす契約です（588条）。たとえば、AのBに対する貸金債務と売買代金債務を1つの消費貸

要物契約

従来は、消費貸借契約は、原則としてすべて要物契約としていた（改正前587条）。つまり、当事者の合意に加えて、借主が金銭などを受け取った場合でなければ契約の成立が認められなかった。

書面でする消費貸借契約

書面の代わりに電磁的記録を利用することも認められている（587条の2第4項）。

諾成的消費貸借契約の解除に関する規定

借主の受領前に当事者の一方が破産手続開始の決定を受けたときは、諾成的消費貸借の効力が失われる（587条の2第3項）。

準消費貸借

書面を必要としないことに注意が必要。

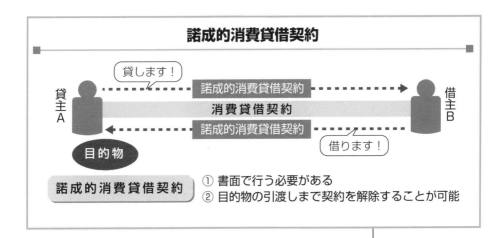

借としてまとめる場合が挙げられます。

■ 利息に関する規定

利息については「貸主は、特約がなければ、借主に対して利息を請求することができない」（589条1項）と規定し、無利息を原則としています。一方、利息の特約がある場合、貸主は「借主が金銭その他の物を受け取った日以後の利息の請求ができる」ことが明確にされています（589条2項）。

■ 貸主の引渡義務や借主による返還時期

無利息であるか利息付きであるかを問わず、貸主から引き渡された物が種類・品質に関して契約の内容に適合しない場合、借主はその物の価額の返還ができます（590条2項）。

また、借主による返還時期については、①返還時期を定めなかった場合は、貸主が相当の期間を定めて返還の催告ができること（591条1項）、②返還時期の定めの有無に関係なく、借主はいつでも返還できること（591条2項）を定めています。

ただし、借主が返還時期前に返還したことで損害を受けた貸主は、借主に損害賠償請求ができます（591条3項）。

消費貸借契約の予約に関する規定

諾成的消費貸借を条文化したことに伴い、従来あった消費貸借の予約に関する規定（改正前589条）は削除されている。消費貸借の予約を残しておく意義が乏しくなったためである。

契約不適合責任

売買契約の契約不適合責任のひとつとして買主の追完請求権が規定されており（562条）、これが消費貸借にも準用されている。さらに、無利息の消費貸借について、贈与に関する民法551条が準用される旨が明示されている。

PART4
14

債権各論

使用貸借

無償で物を貸し借りする契約

■ 使用貸借契約とは

　使用貸借とは、無償で物を貸し与える契約のことです。たとえば、Aが自ら所有する家屋をタダで親戚のBに貸す場合が挙げられます。民法は、トラブルになりやすい「成立時期」「解除」「終了時期」について、明確な規定を置いています。

　使用貸借契約は、当事者が合意した時に成立する諾成契約であり、タダで貸与する無償契約です（593条）。

　また民法においては、解除権に関する規定が置かれています。まず、貸主の解除権については、安易な貸与が通常考えにくい書面による使用貸借をした場合を除き、借主が借用物を受け取るまで契約解除ができます（593条の2）。そして、借主が借用物を受領した後は、①使用収益の目的を定めた（使用貸借の期間は定めなかった）ときは、借主が使用収益をするのに足りる期間を経過した時に契約解除ができるのに対し（598条1項）、②使用貸借の期間も使用収益の目的も定めなかったときは、いつでも契約解除ができます（598条2項）。一方、借主は、使用貸借の期間や使用収益の目的の定めの有無にかかわらず、いつでも契約解除ができます（598条3項）。

■ 使用貸借の終了時期

　使用貸借の終了時期に関して、借主の死亡時に終了する他、使用貸借の期間を定めたときは、使用貸借は期間満了によって終了します（597条1項）。これに対し、使用収益の目的を定めた（使用貸借の期間は定めなかった）ときは、使用貸借は借主

使用貸借契約の成立

従来は、使用貸借の成立について、貸主が借用物を受領した時に成立すると規定し、使用貸借が要物契約であると規定していた（改正前593条）。

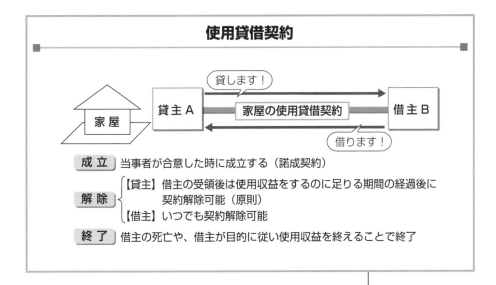

が目的に従い使用収益を終えることで終了します（597条2項）。

なお、使用貸借の期間も使用収益の目的も定めなかったときは、契約解除により終了します。

■ 借主の収去義務

改正後の民法は、借主の収去義務を定めています（599条1項本文）。具体的には、「借主は、借用物を受け取った後にこれに附属させた物がある場合において、使用貸借が終了したときは、その附属させた物を収去する義務を負う」と規定しています。これにより、使用貸借が終了または解除された場合、借主が使用していた家具や私物を、借主自身が収去すべきです。ただし借用物から分離できない物や、分離に過分な費用を要する物については、例外的に収去義務を負いません（599条1項ただし書）。

また、借用物の受領後に損傷が生じた場合は、損傷が借主の帰責事由によらないときを除き、使用貸借の終了後に、借主が損傷を原状に復する義務（原状回復義務）を負います（599条3項）。

借主が収去義務を負わない場合
収去できない物の所有権の帰属は、付合（2つ以上の物が結合して、1つの物として扱われること）の規定（242条〜244条）に従うことになる。

原状回復義務
改正前は、使用貸借の「借主は、借用物を原状に復して、これに附属させた物を収去することができる」（改正前民法598条）と規定していたため、目的物に関する借主の収去等は権利であって義務ではないと解釈することも可能だった。しかし、一般論としては使用貸借の借主には収去義務や原状回復義務があると解されており、改正前の規定は誤解を生じるおそれがあった。

PART4
15

債権各論

賃貸借の成立、短期賃貸借、期間等

借主が貸主に賃料を支払うことで物の使用・収益をすることができる

■ 物を貸し借りすることの意味

賃貸借契約は、一方の当事者が相手方に、ある物の使用収益をさせることを約束し、相手方がそれに対して賃料を支払うことを約束することによって成立し、その効力を生じます（601条）。レンタルビデオから貸衣装やレンタカー、果ては土地・建物や山林まで、賃貸借は広く利用されている制度です。

賃貸人は、賃借目的物を利用可能な状態で貸し続ける債務を、賃借人は賃料を支払う債務を負担します。ここから、賃貸人には目的物の使用収益に必要な修繕をする義務が生じます。貸家の雨漏りは賃貸人が修理しなければなりません。ただ、いつでも賃貸人まかせにはいかない場合があります。そのときは、賃借人が代わりに修理をしておき、後で賃貸人に対し修理代の償還請求ができます。なお、賃借人は、目的物について不当な使い方をしてはならないのは当然のことです（善管注意義務）。

■ 修繕義務について

たとえば、賃貸借契約に基づき住宅を賃借しているが、その住宅の屋根が壊れており、雨漏りがひどい状態にあるとしましょう。この場合、賃借人が賃貸人に対して修理を求めることは可能でしょうか。また、賃借人が自ら屋根を壊した場合にも、賃貸人は修繕義務を負うのでしょうか。

改正前の民法では、賃貸人は目的物の「物の使用及び収益に必要な修繕をする義務を負う」と規定していました。前述の事例では、一般的に屋根の雨漏りの修理が家屋の使用・収益に必

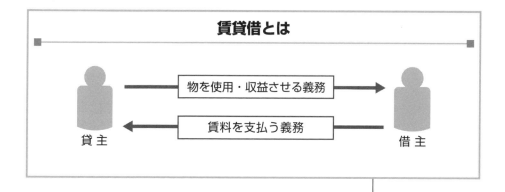

要な修繕であるといえますので、賃借人は、屋根の修繕を賃貸人に対して請求できます。しかし、賃借人の落ち度がある場合まで、賃貸人が修繕義務を負うかは不明確でした。

改正後の民法は、賃借人の落ち度（帰責事由）により修繕が必要となったときは、賃貸人は修繕義務を負わないことを明らかにしています（606条1項ただし書）。したがって、前述した事例で屋根を自分で壊した賃借人は、賃貸人に屋根の修繕を請求できません。また、賃借人が賃貸人に修繕が必要であると通知した場合、または修繕が必要であるのを賃貸人が知っていたのに、賃貸人が相当の期間内に必要な修繕を行わない場合は、賃借人自身が修繕を行うことができます（607条の2第1号）。

修繕の通知
賃貸人への通知をする余裕がないほどに「急迫な事情がある」場合、賃貸人への通知を行うことなく、賃借人が修繕することが可能である（607条の2第2号）。

■ 存続期間

たとえば、大型重機のリースを目的に、賃貸借契約を結びたいと考えている業者がいたとしましょう。長期間に渡るプロジェクトにおいて、この重機を用いて継続的に工事を行いたい場合に、長期間に渡る賃貸借契約を結ぶことは可能でしょうか。改正前の民法においては、賃貸借の存続期間は20年を超えることができない（更新後も20年以内）と定めていました。

改正前の民法が、賃貸借契約の存続期間を最長20年としていたのは、長期に及ぶ賃貸借契約に賃貸人を拘束してしまうと、

借地借家法など

改正前の民法では、契約期間が短めに設定されていたため、民法の規定どおりとすれば、契約自由の原則の下、借地人や借家人は20年たったら追い出されるということになり、不都合が生じる可能性があった。そこで借地借家法などの特別法を用意して、一定の賃貸借について民法の原則に重要な変更を加えてきた。

賃貸人が目的物を使用する権利を不当に奪ってしまいかねないことを考慮したためでした。しかし、前述の事例のように大型の重機を用いて、大規模・長期的な工事計画が立てられるなど、20年を超える賃貸借契約を結ぶニーズが高まっていました。

そこで改正後の民法は、「賃貸借の存続期間は、50年を超えることができない」（604条1項）と定められ、改正前よりも長期に渡る賃貸借契約を結ぶことが可能になりました。もっとも、契約でこれより長い期間を定めたときであっても、その期間は50年と扱われますが、この存続期間は、さらに50年を超えない期間で更新することができます。また、賃貸借契約の成立についても、賃借人の義務として、賃料を支払う義務の他に、契約終了時の目的物の返還義務が明示されています。

なお、民法は「処分の権限を有しない者」が締結することのできる、契約期間が短い賃貸借についても規定しており、これを短期賃貸借といいます。この場合、土地賃貸借は5年（山林は10年）以内、建物賃貸借は3年以内、動産賃貸借は6か月以内の期間で契約を結ばなければなりません。

短期賃貸借に関する規定

短期賃貸借に関する規定についても、改正前は短期賃貸借のみできる場合として、制限行為能力者が賃貸借契約を結ぶ場合が挙げられていた。しかし、制限行為能力者については、他の制限行為能力者に関する一般的な規定に従うとされ、短期賃貸借のみできる場合から削除されている。そして、短期賃貸借契約についても、更新に関する規定が置かれている。

■ 減収や滅失による賃料の減額請求等

たとえば、賃貸借契約により住宅を賃貸している家屋について、台風の被害により一部の居室の使用が不可能になったとします。この場合に、賃料の減額等が認められるのでしょうか。

改正前の民法では、賃借物の一部が滅失した場合、滅失が賃借人の過失によらないときに、「滅失した部分の割合に応じて、賃料の減額を請求することができる」と規定していました。賃料は賃貸借契約の目的物を使用・収益することの対価として支払われるものですので、それが一部でも滅失したときは、その相当額について賃料が減額されるのは当然の帰結といえます。

改正後の民法では、賃借人が賃料の減額を請求するまでもなく、賃借物の一部滅失などが賃借人の帰責事由（落ち度）に基

賃料の減額請求等

賃借人A ——賃貸借契約→ 賃貸人B

賃借人に帰責事由のない賃借物の一部滅失など

賃料は当然に減額される

賃料はその使用及び収益をすることができなくなった部分の割合に応じて、減額される

※帰責事由の有無に関わりなく、目的達成不能の場合は契約の解除が可能

づくものでない限り、「賃料は、その使用及び収益をすることができなくなった部分の割合に応じて、減額される」（611条1項）として、当然に減額されることが明らかにされています。

　また、改正前の民法においても、賃借物の一部滅失のために、残った部分を使用・収益するのでは、賃借人が契約の目的を達成することが困難な場合には、契約解除ができると規定されていました。この規定について、改正前は賃借人に落ち度がある場合には、契約の解除が許されていませんでした。しかし、改正後の民法の下では、賃借人に落ち度がある場合にも、一部滅失や使用・収益不可能な部分があり、これにより賃借人の契約の目的が達成できない場合には、契約の解除が許されます（611条2項）。

　なお、賃借人が不可抗力により賃料よりも収入が減収した場合の賃料の減額請求に関する規定について、民法は「耕作又は牧畜を目的とする土地の賃借人は、不可抗力によって賃料より少ない収益を得たときは、その収益の額に至るまで、賃料の減額を請求することができる」という規定を置いています。

契約の解除と賃借人の責任

本文記載のように、賃借人に帰責事由があり目的物が滅失等した場合も、賃貸借契約の解除が可能になった。賃借人の落ち度については、別途、賃貸人が損害賠償請求等を行うことにより処理され、契約の解除とは切り離された。

PART4 16

債権各論

対抗力、賃貸人たる地位の移転、妨害排除請求等

賃借人は賃借権に基づいて不法占拠者等に対して妨害排除等請求権を行使できる

■ 対抗力や賃貸人たる地位についての問題

たとえば、建物の賃貸借契約が結ばれている場合に、建物の所有者である賃貸人が、建物を第三者に売却したという事例を考えてみましょう。この場合、賃貸借契約、とくに賃借人の立場はどのように扱われるのでしょうか。賃借人は社会的・経済的弱者であることが多く、その権利は弱いものでした。生活の基盤である土地や建物を利用する権利が、弱い権利のままでは社会全体にとっても放置しておけないため、改正前から借地借家法などの特別法を制定して、主に不動産の賃借人の権利を強化する方向で、民法の原則が修正されてきました。

その中でも、借地や借家の権利について、賃借権に基づく対抗力が与えられている点が重要です。賃借権そのものの登記はなくても、借地であればその上に登記した建物を有すること、借家であれば建物の引渡し(住んでいること)が、土地や建物の譲受人等への対抗要件とされています。これにより借地人・借家人は、賃貸人の協力がなくても自分で対抗要件を備えることができます。これを賃借権の物権化といいます。

そして、改正前は不明確であった賃貸人の地位の移転等について、改正後の民法では法律関係が明確化しています。まず、賃借人が、賃借権の登記などの対抗要件を備えている場合、その不動産が譲渡されたときは、その不動産の賃貸人の地位は、譲受人に移転することが明記されています。したがって前述した事例では、建物の賃借人が賃借権の登記または建物の引渡しを受けている場合には、建物の買主が新たな賃貸人になります。

賃貸人の地位に関する例外

本文の記載にかかわらず、不動産の譲渡人と譲受人との間で、賃貸人の地位を譲渡人のままにしておく取り決めを行うことも可能である。不動産を譲受人が譲渡人に賃貸する旨の契約を結んでいる場合であれば、その賃貸借契約の存続期間中は、不動産が譲渡された後であっても、賃貸人の地位は依然として譲渡人のままとする合意ができる。

賃借権の対抗力

改正後の民法においては、不動産の賃貸借を登記したときは、その不動産について物権を取得した者(譲受人)に加えて、「その他の第三者」に対しても、賃借権を主張することができる。

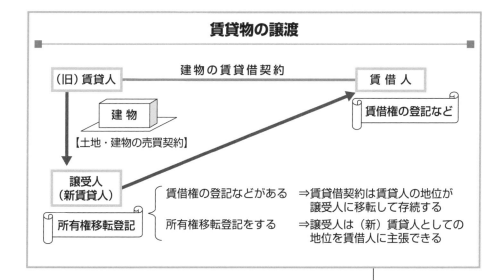

　ただし、賃貸人の地位の移転は「賃貸物である不動産について所有権の移転の登記をしなければ、賃借人に対抗することができない」ので、所有権移転登記をしなければ、建物の買主は、賃借人に対して賃貸人であると主張できません。

■ 妨害排除等請求権について

　とくに住宅用の家屋の賃借人は、生活の基盤である家屋について、不法占拠者等がいた場合に、賃借権に基づいて、この不法占拠者に対して退去を求めることができるのでしょうか。

　賃貸借契約においては、賃貸人が賃借人に目的物を使用収益させる義務があるため、使用を妨げる不法占拠者の排除については、賃借人の求めに応じて、賃貸人が所有権等に基づいて妨害排除等の請求を行うことになります。しかし、賃貸人を間接的に挟まなければ、妨害排除等を請求できないとなると煩雑であるため、改正後の民法では、登記等の対抗要件を備えた不動産賃借権に基づき、賃借人は、不法占拠者等に対して妨害排除請求や返還請求ができることが明文化されています。

> **妨害等排除請求権**
> 改正前の民法の下では条文に規定がなかったため、解釈によって妨害排除等の請求を認める立場が有力で、実際に判例において対抗力を持つ賃借権に基づく妨害排除請求が認められた場合もあった。しかし、一般国民にとってわかりにくいという不都合があった。

PART4 17 敷金

債権各論

賃料債務等の賃貸借に基づいて生じる債務を担保する目的で賃借人が交付する金銭

■ 敷金とはどんなお金なのか

アパートやマンションを借りる場合、敷金や礼金を支払うことが多いものです。地域や建物の種類によっても異なりますが、敷金や礼金として家賃の1〜3か月分が必要になります。礼金は、文字通り「部屋を貸してくれてありがとう」という賃貸人へのお礼のお金です。賃貸借終了のときには戻ってきません。

敷金は、地代や家賃の滞納や、賃借人が目的物を乱暴に使用した場合などに生じる損害を担保するために、あらかじめ賃借人が賃貸人に差し入れておくお金です。

たとえば、建物の賃貸借契約が終了して、賃借人が退去して建物を賃貸人（家主）に明け渡す際に、契約締結時に差し入れた「敷金」の返還を求めようと考えた場合、この請求は認められるのでしょうか。改正前の民法には敷金に関する規定が存在しなかったために、解釈による運用が行われていました。敷金の返還時期に関しても、賃貸借契約終了時期なのか、それとも建物の明渡し時なのかが争われていました。判例や実務は、明渡し時に返還すればよい（明渡しが先履行である）という運用を行ってきました。しかし、敷金にまつわるトラブルが非常に多いことから、改正法においては、敷金に関する判例や実務の運用を明文化する形で、敷金を規律する条文が新設されました。

まず、敷金の定義規定を設けて、敷金とは「いかなる名目によるかを問わず、賃料債務その他の賃貸借に基づいて生ずる賃借人の賃貸人に対する金銭の給付を目的とする債務を担保する目的で、賃借人が賃貸人に交付する金銭をいう」と規定されま

返還される敷金の金額

通常は賃貸借契約終了の際に、未納の地代・家賃や損害金などを控除（差引き）して、残額を賃借人に返還することになる。そのため、敷金がどのくらい返還されるのかは、賃貸借契約の終了後、家屋の明渡しの時点でなければわからない。

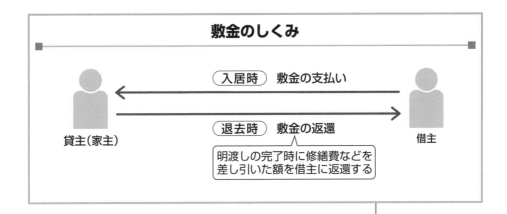

した（622条の2第1項柱書）。したがって、賃貸借契約において、別の名称であっても、賃料等の債務を担保する目的で給付される金銭を広く敷金に含めることが明らかにされました。そして、敷金の返還時期についても、賃貸借契約が終了し、かつ、賃貸目的物が返還される時期であると明記しています。

■ 敷金に関連する諸制度の明文化

改正法は敷金について、実務上争いが生じていた詳細な項目についても規定を置いています。まず、賃借人が賃貸人の同意を得て、適法に賃借権を第三者に譲渡した場合にも、賃借人は敷金の返還を請求できると規定しました（622条の2第1項2号）。

さらに、敷金の賃料債務等を担保するという法的性質が明らかにされていますので、賃借人が「賃貸借に基づいて生じた金銭の給付を目的とする債務」を履行しないときは、賃貸人が、敷金をその債務の弁済に充当できることが明記されました。

もっとも、賃借人が賃料債務等を履行しないときに、改正法は、賃借人の側から、あらかじめ差し入れておいた敷金によって、この債務の弁済に充てるよう請求することはできないと規定されています。つまり、賃貸借契約に基づく債務を受働債権とする敷金との相殺を禁止しています。

敷金に関する改正前の民法における取扱い

改正前の民法の下では、敷金の定義も存在せず、敷金にあてはまる金銭の授受でも、実務上「敷金」以外の名称を用いている場合もあり、問題が多かった。

賃借人の側からの相殺禁止

民法622条の2第2項は、賃借人の側から、賃貸借契約に基づく債務と敷金とを相殺することを禁止している。

PART4 18 転貸、賃借権の譲渡

債権各論

賃貸借契約の終了について転借人に主張できない場合がある

■ 転貸や賃借権の譲渡とは何か

　たとえば、賃貸人Aと賃借人Bとの間で建物の賃貸借契約を締結していた場合に、B（転貸人）がAの承諾を得て、適法にC（転借人）に対して、この建物についてさらに賃貸借契約を結んだとします。このときのBC間の契約が転貸借契約です。

　また、一般的に債権は譲渡することができます。目的物を使用収益できる債権に着目すれば、賃借人Bが債権者、賃貸人Aが債務者となりますので、Bの賃借権もAの同意を得て、適法に譲受人に譲渡することができます。これが賃借権の譲渡です。

　しかし、賃貸人の承諾がない転貸や賃借権の譲渡（無断転貸・無断譲渡）は許されず、第三者（転借人・譲受人）が使用収益をした時点で、賃貸人は賃貸借契約を解除できます（612条2項）。この点は改正後の民法でも変更がありません。

■ 転貸に関する規定

　改正後の民法では、適法な転貸があった場合、「賃貸人と賃借人との間の賃貸借に基づく賃借人の債務の範囲を限度として、賃貸人に対して転貸借に基づく債務を直接履行する義務を負う」と規定し、転借人の義務の範囲を明らかにしています。

　また、前述の転貸借契約の事例で、AB間の賃貸借契約が終了した場合、AはCに対して建物の引渡しを請求できるかについて、改正前民法は明確な規定を置いていませんでした。改正後の民法では、賃借人が適法に賃借物を転貸した場合、賃貸人は賃借人との間の賃貸借契約を合意解除したことを転借人には

転貸に関する改正前の規定

転貸借契約における転借人の義務に関して、改正前の民法は「転借人は、賃貸人に対して直接に義務を負う」と規定するのみであった。しかし、これでは具体的な転借人の義務の範囲が明らかではないという問題点があった。

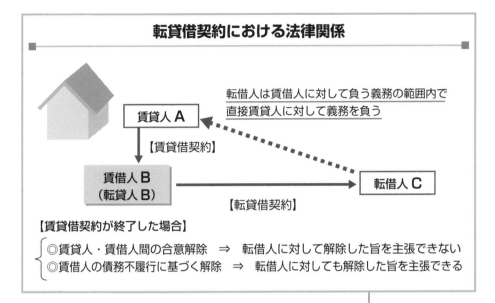

主張できない旨を明記しています。一方、賃貸借契約終了の原因が、賃借人の債務不履行に基づく場合は、これを転借人に主張することができ、目的物の返還請求が可能です（613条3項）。

■ 信頼関係破壊の法理

前述したように転貸や賃借権の譲渡が認められるとしても、賃借権の場合は、誰が目的物を使うのかが、とくに賃貸人にとって重要です。賃借人の一存で見知らぬ者に転貸や賃借権の譲渡をされては、賃貸人は困ってしまいます。そこで民法は、賃借人による無断転貸や無断譲渡を禁じ、これに違反すれば賃貸人は契約を解除できるという規定を置いています（612条）。

しかし、これを文字通り適用すると、賃借人に厳しい結果になることがあるため、判例は「信頼関係破壊の法理」で賃借人に対する救済策を講じています。この法理を用いて、無断転貸や無断譲渡が賃貸人に対する背信的行為と認められない場合は、賃貸人の契約解除権が発生しないと解釈しているのです。

> **信頼関係破壊の法理が導く結論**
>
> 少々の無断転貸や無断譲渡でさえも、それが賃貸人への裏切り行為、あるいは賃貸人に迷惑になる（反社会的勢力にまた貸しするなど）というような背信性がないと認められる場合は、賃貸人は契約解除ができないことになる。また、賃料延滞についても信頼関係破壊の法理が適用され、少々の延滞では契約解除を認めないことにしている。

PART4 19

債権各論

賃貸借の終了

自然災害等により賃貸していた建物が使用できなくなった場合、賃貸借契約は終了する

■ 何が問題なのか

次のような事例を考えてみましょう。

① 建物の賃貸借契約を締結していたのですが、台風の被害に遭い、建物すべての使用が困難になってしまいました。この場合、賃貸借契約はどのように扱われるのでしょうか。

② 建物の賃貸借契約が契約期間満了により終了するにあたり、借主が建物の明渡しを行う際に、この建物を借り受けた後に設置した、壁と床に固定した書棚に関して、収去しなければならないのでしょうか。また、日常生活を営んでいる上で、建物に生じた汚れや傷などについて、すべて借り受けた当時の状態に戻さなければならないのでしょうか。

■ 目的物の全部の滅失など（事例①）

事例①に関して民法は、賃貸借契約の目的物の「全部」が、滅失その他の事由により使用・収益不能になった場合には、「賃貸借は、これによって終了する」と規定しています。

これは改正前から判例によって認められていたところであり、賃貸借契約の目的物が使用・収益することが不可能な状態では、もはや賃借人にとって賃貸借契約に拘束される意味が乏しいため、契約自体が終了するという扱いになります。したがって、上記事例①において、台風により建物が使用不可能な状態になった場合、この建物の賃貸借契約は終了します。

賃貸借の終了に関する改正前の規定
本文記載の各事例等において改正前の民法は規定を置いていなかった。そのため、解釈による運用が行われてきた。

借主の収去権
改正法では、本文記載のように附属物の収去義務を借主に負わせる一方で、「附属させた物を収去することができる」とも規定しており（622条、599条2項）、附属物について、賃借人の収去権も認めている。

賃貸借契約の終了と原状回復義務

① 賃貸借契約の目的物の全部が滅失その他の事由により使用・収益不能になった場合
→ 賃貸借契約は終了する
∵ 賃借人にとって賃貸借契約に拘束される意味が乏しい

② 借主の原状回復義務
→ 期間を定めずに締結した賃貸借契約について、賃借人は、賃借物を借り受けた後に附属させた物がある場合、賃貸借契約が終了したときはその附属させた物を収去する義務を負う
→ 目的物の傷や汚れ等が日常生活の中で生じた通常損耗または経年変化である場合、賃借人はその原状回復義務を負わない

■ 契約終了後の原状回復義務（事例②）

事例②に関して、民法は、使用貸借に関する規定を準用する形で、期間を定めて締結した賃貸借契約は、契約期間の満了時に終了することを明記しています。また、賃借人は、賃借物を借り受けた後に附属させた物がある場合、賃貸借契約が終了したときにその附属させた物を収去する義務を負うとともに、収去する権利があることも明記しています。したがって、事例②において、固定された書棚の分離が容易な場合、原則として借主は、この書棚の収去義務を負います。

また、賃貸借契約終了時における目的物の原状回復義務についても、目的物に生じた損傷が「通常の使用及び収益によって生じた賃借物の損耗並びに賃借物の経年変化」を除くものである場合に、賃借人に原状回復義務が課せられています。

もっとも、損傷等が賃借人の帰責事由（落ち度）により生じたものでない場合には、原状回復義務を負いません。事例②において、建物の傷や汚れ等が日常生活の中で生じた経年変化である以上、賃借人は原状回復義務を負わないことになります。

期間の定めのない賃貸借契約

期間を定めずに締結した賃貸借契約は、改正前の民法から一貫して、各当事者が、いつでも解約の申入れをすることができるという取扱いがなされている。

借主が収去義務を免れる場合

目的物から附属させた物を分離することができない場合や、分離するのに過度な費用を要する場合には、賃借人は附属物の収去義務から免れる。

PART4 20 請負

債権各論

仕事完成前に契約が解除されても仕事の完成度に応じて報酬を受け取ることができる

■ 何が問題なのか

たとえば、建物の建築工事を依頼する請負契約を締結していた場合に、建物の完成以前に仕事の完成が困難になる事情があったために、注文者がこの請負契約を解除したとしましょう。この場合に、建物が途中まで完成していた場合に、請負人はどの程度の報酬を受け取ることができるのでしょうか。

まず、前提として請負とは、仕事の完成を注文者から引き受けた請負人が、仕事の完成に対する報酬を注文者から受領する契約類型です。したがって、とくに前述の事例のような建物の請負契約においては、完成した建物の所有権の帰属が問題になります。つまり、物の完成を依頼して請負契約を結んでいるわけですから、終局的には注文者が建物の所有権を取得することになるのが道理ですが、所有権の移転が具体的にいつになるのかは、明らかではありません。完成した建物の所有権については、改正前の民法の下での判例をはじめとする実務の運用は、材料の提供や代金の支払いの有無を基準に、所有権の帰属を判断してきました。つまり、材料の全部または主要な部分を注文者が提供している場合には、建物の竣工と同時に注文者が建物の所有権を取得すると考えます。

これに対して、材料の全部または主要部分を請負人が提供している場合には、完成した建物の所有権は請負人が取得し、引き渡すことによって注文者に移転するものと扱います。ただし、この場合であっても、建物の完成前に代金の全額を注文者が支払っていたというような場合などには、完成した建物の所有権

注文者の解除権
改正前には「請負人が仕事を完成しない間は、注文者は、いつでも損害を賠償して契約の解除をすることができる」との規定があり、これが改正後の民法でも維持されている（641条）。

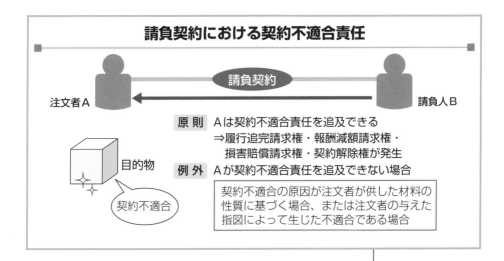

を注文者が取得するものと扱われてきました。

もっとも、前述の事例のように、仕事の完成前に契約が解除された場合には、さらに問題が複雑化し、仕事の完成が契約の目的であることに照らせば、厳密には注文者は報酬を支払う必要はないと考えられます。しかし、ある程度の仕事が完成しているにもかかわらず、全く報酬を受け取ることができないのでは、取引の実態からかけ離れていると言わざるを得ません。

■ 契約不適合の場合の解除や請負人の責任

実際に仕事が完成して目的物を引き渡した際に、注文者が注文した内容とはかけ離れた品質の目的物が納品されるというトラブルも少なくありません。

改正後の民法では、基本的には売買契約の売主に関する契約不適合責任の規定を準用しています。

もっとも、民法は請負人の契約不適合責任が制限される場合に関して、目的物の契約内容への不適合の原因が、注文者が供した材料の性質に基づく場合、または、注文者の与えた指図によって生じた不適合である場合には、契約不適合責任（履行追

請負契約の目的物に関する落ち度についての改正前の規定

改正前の民法では、請負契約において完成した目的物に落ち度がある場合に備えて、請負人の担保責任に関する規定が置かれていた。

請負契約における契約不適合責任

本文記載のように、売買契約の規定が準用されることから、請負契約において完成した目的物が、契約の内容に適合しない（契約不適合）場合、注文者には履行追完請求権、報酬減額請求権、損害賠償請求権、契約解除権が発生することになる。

契約不適合責任としての契約の解除権

改正前の民法では、完成した目的物が建物等の工作物の場合、これに瑕疵があるとしても、注文者は請負契約を解除することができなかった。これは、建物等の破壊による社会経済上の損失を考慮したものであった。しかし以前から、判例では、建物に建替えが必要なほどの重大な瑕疵が存在する場合、注文者に、請負人に対する建替え費用相当額の損害賠償請求を認め、実質的な契約解除権の行使を認めていた。そこで改正法では、建物等の契約不適合を理由とする契約解除権の行使を認めている。

完請求、報酬減額請求、損害賠償請求、契約の解除）を追及することができないと規定しています。ただしこれには民法が例外を認めており、請負人がその材料や指図が不適当であることを知りながら、注文者に告げなかった場合は、注文者は契約不適合責任を追及可能であると規定しています（636条）。

■ 期間制限について

改正後の民法では、目的物の性質・種類を問わず、売買契約における売主の担保責任の期間制限に関する改正に合わせて、注文者が、契約内容に不適合があることを知った時点から1年以内に、注文者が契約内容に不適合があることを請負人に通知することで、契約不適合責任に関する各種の請求権が保存されます。そして債権一般の消滅時効の期間内に契約不適合責任を追及できます。

なお、改正前の民法では、請負人の担保責任の追及可能期間について、「仕事の目的物を引き渡した時から1年以内にしなければならない」と規定し、1年を経過した後の担保責任の追及を認めず、また目的物の種類に応じて、追及可能期間を5年または10年に延長するという規定を置いていました。改正後の民法は、目的物の種類に応じた追及可能期間に関する規定を削除し、目的物の種類を問わず追及可能期間を一律にして、わかりやすい制度にしました。

■ 仕事が完成できない場合と報酬

事例のように、請負契約が仕事の完成前に解除により終了した場合の取扱いについて、民法は、請負人がすでに行った仕事の結果のうち、可分な部分を注文者に給付することで注文者が利益を受けるときは、その部分を「部分的な仕事の完成」であるとみなすと規定しています（634条）。仕事完成前に請負契約が解除された場合の取扱いについて、注文者が受ける利益の割

請負契約に関する改正事項

請負契約のしくみ

注文者

仕事を完成させる（先履行）
完成に対して報酬を支払う

請負人

請負契約の改正事項

未完成の段階で注文者が解除した場合の報酬請求権を明文化
・可分給付で注文者が利益を受ける場合に、注文者が受ける利益の割合に応じて報酬を請求できる

請負人の担保責任を廃止して共通ルールの契約不適合責任に一本化
・土地工作物（建物等）に関する解除権の制限を廃止した
・完成目的物に応じた期間制限を廃止して債権の消滅時効期間に一本化

合に応じて「部分的な仕事の完成」と評価することの最大の意義は、請負人の報酬請求権を確保することにあります。仕事の割合的な完成が認められることにより、その割合に応じて、請負人が報酬を受け取ることができるためです。

もっとも、改正前の民法の下でも、判例によって仕事の完成割合に応じて、請負人に対する報酬請求権が認められていました。改正後の民法では、判例理論に沿った立法が行われているといえます。したがって、前述の事例において、建物の工事が途中で終了していても、注文者がそれによって利益を受ける場合には、その利益の割合に応じて、請負人は報酬を請求することができます。

なお、改正後の民法の下では、請負契約が仕事の完成前に解除された場合以外にも、注文者に落ち度が認められない事由（責めに帰することができない事由）によって仕事を完成することができなくなった場合には、同様に請負人は、可分な部分を注文者に給付することで注文者に利益がある範囲で、完成した仕事の割合に基づき、報酬を請求することができます。

注文者に帰責事由がある場合

仕事の完成不能につき注文者に帰責事由がある場合、請負人は報酬の全額を請求できると解されている。

PART4 21 委任

債権各論

法律行為または事務の処理を委託する契約類型

■ 委任に関する問題点

　法律行為を委託する契約類型を委任といいます（643条）。これに対して、システム開発の現場では、ユーザー企業（発注者）とITベンダー（受注者）との間で「準委任契約」を結ぶことがあります。準委任とは、法律行為以外の事務を委託する契約をさします（656条）。準委任は委任者（発注者）が受任者（受注者）に「作業」を委託する性質のもので、何らかの「成果物」を目的とした「請負契約」とは異なる契約形態です。

　このような準委任契約を利用する際に、システム開発の現場では、発注側である委任者、受注側である受任者それぞれに不都合な面が存在します。発注側の不都合としては、彼らが最終的に欲しいのは「仕事ぶり」ではなく「成果物」です。準委任契約ではそれが得られないケースがあります。受注側の不都合としては、準委任契約で成果物を約束していないといっても、成果物がなければ仕事ぶりも評価できないと考える発注者である場合、報酬請求時にトラブルが発生するリスクがあります。

　民法は以上の問題点を踏まえて、委任における報酬の支払時期について、改正前から規定されている「履行割合型」に加えて「成果完成型」を設けています。なお、委任が無報酬を原則とするのは改正前と変わりませんので、報酬請求権は特約で定めた場合にのみ発生します（648条1項）。

　履行割合型とは、受任者が投入した労務（作業工数・時間量など）に対して報酬を支払う場合です。はっきりとした成果物の納品が難しいケースに対応すると考えられます。履行割合型

準委任契約の特徴

準委任では専門知識を持った受任者が成果物に責任は持たないが、その専門性を生かして仕事を行い、その仕事に投入した受任者の作業工数・時間量に対して報酬が支払われる。システム開発以外では、英会話学校のレッスンや医師の診療行為などが準委任に該当する。

委任契約と請負契約との差

委任契約と異なり請負契約は発注者の仕事を最後まで任せるだけの信頼関係が必要である。したがって、成果物が必要であるが、完成すべき成果物の要件が契約時に固まっておらず、作業途中での変更が多々あると予想されるときは、請負契約の締結が困難で、（準）委任契約が結ばれる場合が少なくない。

実務上の取扱い

本文記載のように、成果物と合わせて仕事ぶりを評価する必要がある契約において、取引実務上は、契約自由の原則に則って契約書で成果物要求の有無を取り決めていることが多い。

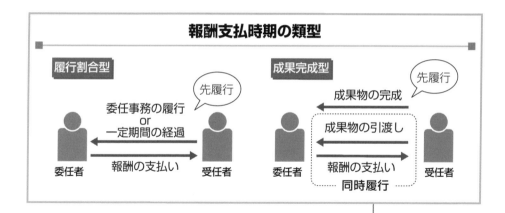

では委任事務履行後が報酬支払時期の原則ですが、一定の期間ごとに報酬支払時期を定めることも可能です（648条2項）。また、委任者の帰責事由によらずして委任事務の履行ができなくなったとき、または履行途中で委任契約が終了したときは、受任者が履行割合に応じた報酬請求権を取得します（648条3項）。

一方、成果完成型とは「委任事務の履行により得られる成果に対して報酬を支払うことを約した場合」です。これまで準委任契約を結ぶ際に、成果物を欲する発注側が契約書に盛り込んでいた内容が条文に反映されたといえます。

成果完成型では「成果の引渡しと同時」が報酬支払時期です（648条の2第1項）。つまり、成果物の完成が先履行ですが、報酬支払いと成果物の引渡しが同時履行となります。

■ 委任契約の任意解除権

委任契約を解除した者は、やむを得ない事由がない限り、①相手方に不利な時期に解除したとき、または②受任者の利益についても目的とする委任契約を委任者が解除したときは、相手方の損害を賠償する必要があります（651条2項）。なお、委任契約は当事者がいつでも解除できるという改正前からの取扱いは変わりません（651条1項）。

成果物の一部しか得られない場合の報酬

成果物の一部しか得られない場合の報酬請求権については、請負契約の「注文者の受ける利益の割合に応じた報酬」に関する規定（634条）が準用される（648条の2第2項）。

受任者の自己執行義務と復委任

復委任についての規定が置かれている。具体的には、受任者は、①委任者の許諾を得たとき、または②やむを得ない事由があるときでなければ、復受任者を選任できない（644条の2第1項）。受任者は原則として自ら委任事務を行うべきとされ、これを自己執行義務という。

PART4 22 寄託

債権各論

当事者の合意により成立する物の保管を依頼する契約類型

寄託契約に関する改正前の規定

改正前の民法においては、寄託契約は「当事者の一方が相手方のために保管をすることを約してある物を受け取ることによって」成立する契約(要物契約)であると規定されていた。

■ 何が問題なのか

　寄託契約は、当事者の一方がある物を保管することを相手方に委託し、相手方がこれを承諾することによって成立する契約(諾成契約)をいいます。実際に物を預け渡さなくても寄託契約の効力が生じます。

　たとえば、貴重品の保管を依頼する寄託契約を結んでいる場合において、返還されてきた貴重品に傷があったとしましょう。仮に契約期間が15年で、保管の初期段階で貴重品に傷がついたとすると、債務不履行に基づく損害賠償請求権について、客観的に傷(損害)が発生した時期から債権の消滅時効期間が経過していることになります。この場合、寄託者は受寄者に対して損害賠償請求を行うことは可能でしょうか。

　改正前の民法は、寄託契約に関して、他の貸借型の契約(使用貸借契約や賃貸借契約)と同様に、実際に取引関係に入っている当事者間の取り決めを重視して、法律による規制を幅広く用意していませんでした。

■ 寄託契約に関するルール

　前述した事例のように、寄託契約に基づく損害賠償請求等の期間制限についても条文が新設され、ルールが明確化されています。まず、寄託物について、一部滅失または損傷によって生じた損害の賠償、および受寄者が支出した費用の償還について、「寄託者が返還を受けた時から1年以内に請求しなければならない」と規定しています。したがって、事例において、貴重品

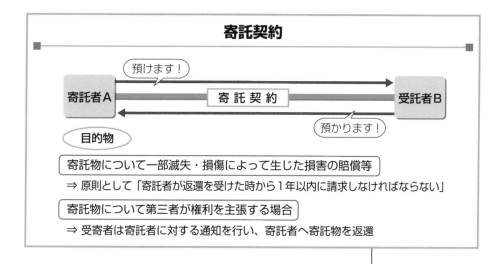

が返還された後から1年以内であれば、貴重品に傷があることを理由に、寄託者は受寄者に対して損害賠償請求を行うことができます。もっとも、事例のように、寄託契約の契約期間が長期間に及ぶ場合、返還時点ですでに債権の消滅時効期間を経過しており、損害賠償請求等が困難になっている場合も考えられます。そこで民法は、「寄託者が返還を受けた時から1年を経過するまでの間は、時効は、完成しない」と規定して、時効期間の完成を猶予する規定を設けて、不都合を解消しています。

また、寄託物について、第三者が権利を主張して、受寄者に対して訴えを提起してくる場合があります。改正前の民法においても、この場合に受寄者は寄託者に対して、その事実を通知しなければならないと定められていました。改正後の民法は、さらにその場合の寄託物の返還に関して、原則として寄託者に返還すればよい旨を明示しています。

また、取引上起こり得る複数の人から保管を委託された種類と品質が同一の物の保管に関して、「受寄者は、各寄託者の承諾を得たときに限り、これらを混合して保管することができる」として、混合寄託に関する条文を置いています。

消滅時効期間
64ページ参照。

混合寄託の例
混合寄託の例として、たとえば石油の保管などが挙げられる。

Column

契約法に関するその他の改正ポイント

　改正後の民法は、本文記載以外の契約類型に関しても改正を行っています。ここでは雇用と組合に関する規定を見ていきましょう。

① 雇用契約について

　労働者が途中で労務を提供できなくなった場合の報酬請求権について、改正前の民法は「労働者は、その約した労働を終わった後でなければ報酬を請求することができない」という規定があるのみでした。したがって、労働者が途中で労務を提供することができなくなった場合に、労働者が使用者に対してすでに提供した労務に対応した報酬を請求することができるか否かについては明確ではありませんでした。そこで改正後の民法では、労働者はⓐ使用者の落ち度がない（責めに帰することができない）事由によって労働に従事することができなくなったとき、ⓑ雇用が履行の途中で終了したときには、「すでにした履行の割合に応じて報酬を請求することができる」ことが明らかにされました（624条の2）。

② 組合契約について

　改正前の民法では「各組合員の出資その他の組合財産は、総組合員の共有に属する」と規定されるのみで、組合の債権者が、各組合員に対する権利行使の他に、組合財産への権利行使が可能であるのか不明確でした。また組合の債権者が、組合員に権利を行使する場合、債権発生後に損失分担の割合を知った場合でも、各組合員に等しい割合で権利を行使しなければならず、制約がありました。改正後の民法では、組合の債権者は、組合財産についても権利を行使できることが明らかにされました（675条1項）。また、各組合員に対して権利行使する場合の制約が撤廃され、組合の債権者は、債権発生時に損失負担の割合を知っていた場合を除き、等しい割合または損失負担の割合を選択して、各組合員に対して権利行使を行うことが可能になりました（675条2項）。

PART 5

事務管理・不当利得・不法行為

PART5 1 事務管理

事務管理・不当利得・不法行為

法律上の義務はないが他人の事務を処理する行為

■ 小さな親切？大きなお世話？

　事務管理は、法律上の義務はないのに（他人から委託を受けずに）、他人の事務を処理する行為をいいます（697条）。「事務」の「管理」といっても帳簿整理のような仕事ではなく、生活に必要な一切の仕事を処理することをいいます。他人の事務を処理するものには、委任もあります。委任契約に基づいて委任者と受任者との間に債権・債務が発生します。ところが、頼まれもしないのに何かしてあげたとしたらどうなるでしょうか。頼まれて引き受けたのでないなら、契約は成立せず、義務もないのにやった単なるおせっかいになるだけで、何も債権関係は生まれないはずです。それどころか、他人の生活領域に勝手に踏み込んだということで、不法行為にもなりかねません。

　では、頼まれずに何かをしてあげたような場合には、一切の債権関係は生じないのでしょうか。頼まれずにやったとはいえ、それが本人の利益になり、意思にもかなうものだったら、せめて事務管理者が負担した修理代の請求くらいはできてもいいでしょう。つまり、社会における相互扶助行為を適法な行為とし、他人の事務の管理者（事務管理者）と本人（事務をしてもらった人）との間の利益の調整を図るための制度が事務管理なのです。

■ 事務管理の要件と効果

　事務管理は、管理者の行為が、①法律上の義務のない管理であること、②他人の事務であること、③他人のためにする意思（事務管理意思）があること、④本人の意思および利益に適合

準事務管理

他人の特許権を利用して多大な利益をあげた場合、本来の権利者は不法行為（民法709条）や不当利得（同法703条）の規定に基づく請求ができるが、利益のすべてを返還してもらえるわけではない。このような場合に、事務管理（同法697条）の規定を使って利益を受けた者の利益を本人に返還させようというのが準事務管理の考え方である。他人の権利を不当に利用した者は本人のために権利を使っていたわけではないので、本来の意味での事務管理は成立しない。しかし、他人の権利を不当に利用した者に利益を保持させるべきではないとの考えから、準事務管理という概念を使って本来利益を受けるべき者を保護しようとしている。

相互扶助行為

助け合い精神で行う行為のこと。

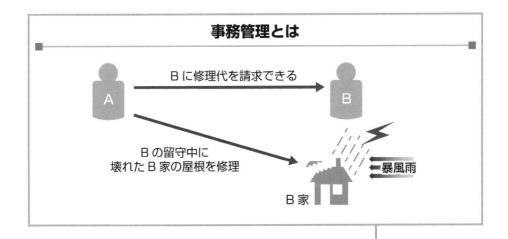

事務管理とは

- Bに修理代を請求できる
- Bの留守中に壊れたB家の屋根を修理
- 暴風雨
- B家

していること、によって成立します。

　つまり、契約や法的地位によらないで、他人の生活に必要なことを、他人の利益を図る意思でやってあげるわけです。ただ、本人の意思があらかじめわかる場合にはそれに従うことが必要ですし、本人の意思・利益に反することが明らかな場合は、管理を中止しなければなりません（700条ただし書）。

　事務管理が認められると、管理行為は違法とはいえず、本人と管理者との間に債権関係が発生します。管理者には、かかった費用の償還請求権が発生しますが（702条）、法律に特別の規定がある場合を除いては、報酬までは請求できません。特別の規定のある場合とは、落し物を届けてお礼をもらう場合などです。管理者が事務管理をした結果、損害を被ったような場合にも、管理者は本人に損害賠償を請求することはできません。

　なお、緊急を要する事務管理の場合は、悪意または重大な過失がなかったのなら、それによって生じた損害を賠償しなくてもよいことになっています（698条）。たとえば、車にひかれそうになった人を突き飛ばして助けてあげる際に、本人を転ばせて本人の洋服を破いてだめにしたとしても、重過失があるとはいえませんので洋服代は弁償する必要はないのです。

不当利得

PART5-2 事務管理・不当利得・不法行為

法律上の根拠がなく得た利益の処理

■「不当利得」は「不当」な利得とは限らない

不当利得といっても、悪いことをしてお金をもうけたような場合だけをさすのではありません。法律上の根拠がないのに利益を得てしまい、本来利益を得るべき人がその分だけ損失を被っている場合をさします。公平の理念に基づくこの制度は、法律上の根拠がない（その意味で不当な）財貨の移転や帰属を、本来のあるべき姿に直すためのものだと言われています。

不当利得は、①他人の財産または労務によって利益を受けたこと（受益）、②他人に損失を与えたこと、③受益と損失との間に因果関係があること、④受益が法律上の原因を欠いていること、の4点を要件とします。

不当利得には、受益者が善意（知らずに利得をしてしまった）の場合と、悪意（本来自分のものにならないのを知りながら利得をする）の場合とがあります。どちらであるかによって、返還義務の範囲が異なります。善意の受益者は、「その利益の存する限度」において返還義務を負い（703条、これを現存利益といいます）、悪意の受益者は、受けた利益の全額に利息をつけて返還し、損害がある場合にはその賠償もしなければなりません（704条）。自分が利得すべきではないと知っていたのだから、善意者よりも厳しい返還義務を負うのです。

■ 非債弁済

普通、債務がないのに弁済してしまったとき（これを、広く非債弁済といいます）には、それを不当利得として返還請求で

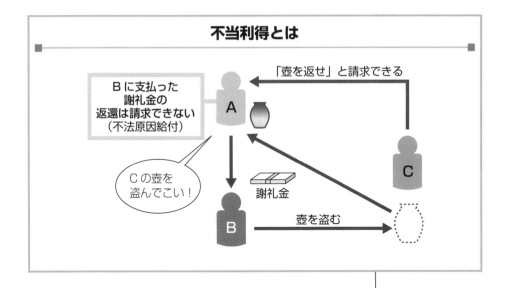

きるはずです。しかし、債務がないのを知っていて「わざと」弁済した場合には、返還請求は許されません（705条）。期限が来ないのに早まって弁済した場合も、債務は存在しているのですから、根拠のない弁済になるわけではありません。やはり、返還請求はできません（706条）。

■ **不法原因給付**

公序良俗に反する契約は無効です（90条）。しかし、麻薬の代金や売春の対価などを支払った後で、無効だからといってそのお金の返還請求を認めるわけにはいきません（708条本文）。返還請求を認めると、法律が悪いことをするのを奨励するような結果になってしまうからです。

ただ、不法の原因が給付する側（給付者）ではなく、利益を受けた側（受益者）にだけ存在する場合は、この限りではありません（708条ただし書）。たとえば、犯罪を思いとどまらせるためにお金を払う場合などは、不法の原因は受益者（犯罪を思いとどまった者）にだけあるとされます。

クリーンハンズの原則

自ら法を尊重する者だけが、法の尊重を要求することができるという原則。たとえば、BがAから賭博によって金を巻きあげたという場合、賭博は公序良俗に反するものであるため、BはAから奪った金を保持しておくことはできないはずである。しかし、AはBに対して不当利得返還請求（民法703条）をすることはできない。なぜなら、Aも賭博という不法な行為に関わっているので、法律に助けを求めることはできないとされているからである（同法708条）。この場面では、クリーンハンズの原則が表れているといえる。

PART5 3 不法行為の意義

事務管理・不当利得・不法行為

故意または過失により他人に損害を与える行為

過失責任の原則

不法行為の成立要件が認められ、他人に損害を負わせたとしても、行為者に故意や過失という落ち度がない限り責任を負わせない（過失責任の原則）というのは、自由な経済活動を保障する近代私法の大原則のひとつである。

故意または過失の要件

故意の有無は、意識的に他人に損害を与える意思があるか否かが問題になる。これに対して過失の有無は、被害者の側で、加害者が損害発生の有無を予見し、これを回避しなかったことを証明しなければならず、故意よりも証明のハードルの高い要件である。

違法性について

違法性の有無は、「被侵害利益の種類・性質、被害の程度」（被害の態様）と「侵害行為の態様」との相互の関係において判断すべきだとされている。

因果関係について

公害や医療行為などの不法行為が問題になる場合は、因果関係を証明することが困難な場合も少なくない。そこで、これまで判例等により、柔軟に因果関係の存在が判断されたケースも多い。

■ 不法行為の意義

　不法行為は、故意または過失によって他人に損害を与えた場合に、その損害を賠償させる制度です（709条）。発生した損害のてん補（埋め合わせ）や損害の公平な分担の実現をめざした制度です。

■ 不法行為の成立要件

　不法行為が成立するためには、以下の要件が必要です。

① 故意または過失

　故意は、結果が発生することを知っていてわざとすること、過失は、通常なら他人に損害を与える結果が発生することがあらかじめわかって、それを回避できたはずなのに（回避する義務があったはずなのに）、不注意にもそれをしなかったこと（結果回避義務違反）、と理解されています。

② 違法性

　他人の権利または、法律上保護される利益を侵害することです。

③ 損害の発生

　不法行為でいう損害は、財産的な損害ばかりでなく、精神的な損害も含まれます（710条）。財産的損害の中には、ケガをしてかかった治療費のような積極的損害（マイナス分）と、入院中得られなかった収入のような消極的損害（プラスになるはずだった分）とがあります。精神的損害を償うのが慰謝料です。

④ 因果関係

　加害者の行為によって損害が発生したという原因・結果の関

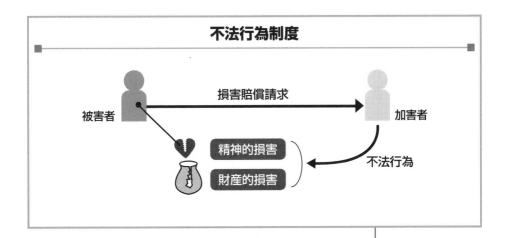

係にあることが必要です。

⑤ **責任能力**

加害者には、不法行為の責任を負う能力（責任能力）、つまり、自分の行為がどんな結果をもたらすかを見極める能力が備わっていなければなりません。

■ 不法行為の効果

不法行為の成立要件を満たすと、その効果として損害賠償請求権が発生します。損害賠償の方法として、金銭賠償が原則です。つまり、不法行為によって侵害された損害について金銭に評価することで、損害を補てんするという考え方が基本とされています。

もっとも、金銭賠償によっては適切に損害が賠償できない場合には、金銭以外による賠償が認められる場合があります。たとえば、ある人の名誉が毀損された場合、名誉毀損行為は不法行為になり得ますが、金銭による賠償の他に名誉を回復するのに適当な処分を、加害者に求めることができます（723条）。具体的には、新聞や雑誌に謝罪広告を掲載させるなどの方法が挙げられます。

> **責任能力に関する規定**
>
> 民法は責任能力について、未成年者のうち責任能力を持たない者（712条）に関する規定と、心神喪失者（713条）に関する規定を置いている。

民法上の特殊な不法行為

PART5-4 事務管理・不当利得・不法行為

直接加害行為を行っていなくても損害賠償責任を負う場合がある

■ 特殊な不法行為

民法は709条だけでは救済が困難な場合に備えて、その原則を修正した特殊の要件で成立する不法行為を規定しています。

これらの特殊な不法行為には、①他人の加害行為による特別の責任、②物が損害に関与した場合の特別の責任、③共同不法行為、の3つがあります。

■ 責任無能力者の不法行為

民法は、不法行為責任が成立する場合であっても、責任能力を負わない未成年者（年少者）や心神喪失状態にある人については、自分自身の行為にどのような法的な効果があるのかを認識する能力を欠いていると考え、故意・過失により一時的な責任無能力状態を招いた場合を除き、損害賠償責任を負わないと規定しています。しかし、この場合に損害を被った被害者が全く救済されないというのは、不合理であるといえます。そこで民法は、責任能力を負わない人を監督する、一定の立場にある人が、不法行為責任を負う場合を規定しています（714条）。

監督者として責任を負う場合があるのは、未成年者等については、親権者や後見人などが挙げられます。また、親権者や後見人に関しては、監督義務が法定されているわけですが、そのような法定の監督義務が課されていない場合であっても、損害賠償義務が認められる場合があります。例としては、精神病院の医師等が挙げられますが、場合によっては保育園や幼稚園の保母等について、監督責任が肯定される場合もあります。

成年後見人は法定の監督義務があるか

最近の判例には、責任無能力者（精神障害者）と同居する配偶者かつ成年後見人であるからといって、直ちにその者が責任無能力者の法定の監督義務者にあたるとはいえないとした判断もある。

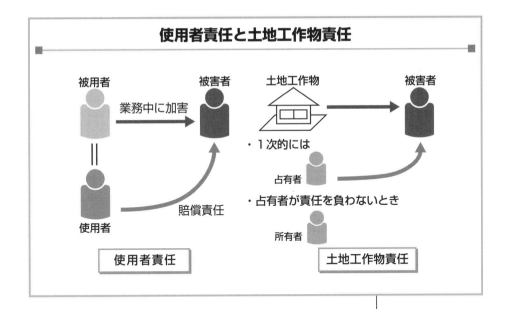

■ 使用者責任

　ある事業をするために他人を使う者（使用者）は、自分が雇っているその他人（被用者）が、その事業の執行について他人に損害を与えた場合に、それを賠償する責任を負わされています（715条）。これを使用者責任といいます。

　使用者は、被用者（労働者）を使用することで自己の活動範囲を拡大し、多くの利益を収めているのですから、使用者の事業に伴って生じる損害については、使用者が負担するのが公平であると考えられます（報償責任の法理）。また、実際に不法行為を行った被用者は、多くの場合、賠償の資力が乏しく、被害者の救済が十分とはいえません。そこで、使用者に責任を認めたわけです。

■ 土地工作物責任

　土地の工作物の設置または保存に瑕疵（欠陥）があったため、第三者が損害を被ったときには、工作物の占有者が被害者に対

して損害賠償責任を負います。しかし、占有者が損害発生防止のため必要な注意をしていたときは、占有者が免責され、代わりに工作物の所有者が、損害防止に必要な注意をしていたとしても、損害賠償責任を負います（717条）。この規定は、企業が設置する危険物から生ずる損害について、企業に無過失責任を課す足がかりとして重要なものです。つまり、工作物の占有者とは異なり、所有者には免責規定がありませんので、過失の有無を問わず、損害賠償責任を免れることはできません。

「設置・保存の瑕疵」とは、工作物がその種類に応じて通常備えるべき安全な性状・設備を欠いていることとされています。工作物の用途や用法に照らして通常備えている安全性を欠いている場合にはじめて瑕疵となります。たとえば、踏切自体が危険だ、というのではなく「保安設備のない、交通量の多い踏切」には瑕疵がある、という判断になるわけです。

■ 共同不法行為

不法行為に関して、複数の人が関与して1つの損害が発生する場合があります。とくに被害者が確実に損害からの救済を受けるためには、賠償義務を負う人が多い場合には、できるだけ多くの賠償義務者を引き入れる法制度が理想的といえます。そこで民法は、複数の者による不法行為（共同不法行為）に関する規定を、以下のように3つの類型に分けて置いています。

① **数人が共同して他人に損害を与えた場合**

たとえば、数人で1人の人間を殴打した場合のように、複数人が共同して不法行為に及んでいることが客観的にも明確な場合が挙げられます。共同不法行為者各人について、独立して不法行為の要件を備えているようなケースですが、被害者は各人に損害賠償請求を行う負担を負うことなく、これら共同不法行為者に対して、一体的に損害賠償請求を行うことが可能です。

② **加害者が不明の共同不法行為**

不真正連帯債務とは

民法が規定する共同不法行為に関する責任が認められる場合、数人の加害者は「連帯して」賠償責任を負うという特徴がある。つまり、被害者は原則として、共同不法行為者各人に対して、不法行為責任を追及することができる。この場合の責任は不真正連帯債務であると考えられており、各共同不法行為者が共謀や共同の認識をもって不法行為に及んでいなくても、客観的な状況から判断して、共同して不法行為を行ったといえる状況であれば、共同不法行為者として、連帯責任が肯定される。

共同不法行為

① 数人が共同して他人に損害を与えた場合
（例）数人で1人の人間を殴打した場合

② 加害者が不明の共同不法行為
複数の者が同時に不法行為を行い、厳密な意味で加害者が誰であるのか不明確
⇒ 行為者全員が連帯して不法行為責任を負う

③ 教唆・幇助
他人をそそのかして不法行為を行わせる（教唆）・道具を提供して助ける（幇助）
⇒ 直接の行為者と同時に連帯して不法行為責任を負う

　共同不法行為において、とくに重要な類型が加害者不明の共同不法行為です。たとえば、AとBが同時に投石したことにより、Cの家の窓が割れたとしましょう。この場合、不法行為の成立要件において、Cの家の窓を割ったのがAによる投石が原因なのか、またはBの投石によるものなのかが重要になります。仮にAの投石に基づくものであれば、窓が割れたという損害の発生につき、Bの投石行為は因果関係を欠くため、Bは損害賠償責任を免れ得るためです。しかし、厳密な意味で加害者が誰であるのかが明確でなければ、不法行為責任を追及できないというのでは、不法行為責任が被害者の救済として不十分な制度となってしまいます。そこで民法は、共同行為者のうち誰の不法行為が損害を加えたのかが不明確な場合、行為者全員が連帯して不法行為責任を負うと規定しています。

③　教唆・幇助
　直接は不法行為を行っていなくても、他人をそそのかして不法行為を行わせたり（教唆）、道具を提供して助けた場合（幇助）、補助的行為を行った者についても、連帯して不法行為責任を負わせています。

【監修者紹介】
木島　康雄（きじま　やすお）

1964年生まれ。京都大学法学部卒業。専修大学大学院修了。予備試験を経て司法試験合格。弁護士（第二東京弁護士会）、行政書士（東京都行政書士会）、作家。過去20冊以上の実用書の公刊、日本経済新聞全国版でのコラム連載と取材の他、多数の雑誌等での掲載歴あり。現在、旬刊雑誌「税と経営」にて、170回を超える連載を継続中。作家としては、ファンタジー小説「クラムの物語」（市田印刷出版）を公刊。平成25年、ラブコメディー「恋する好色選挙法」（日本文学館）で「いますぐしよう！作家宣言2」大賞受賞。弁護士実務としては、離婚、相続、遺言、交通事故、入国管理、債権回収、債務整理、刑事事件等、幅広く手がけている。
監修書に『図解で早わかり　行政法のしくみ』『パート・派遣・請負をめぐる法律知識』『最新　マンションを「売るとき」「買うとき」の法律マニュアル』『入門図解　交通事故の過失割合　ケース別288』『刑事訴訟法のしくみ』『入門図解　民法【債権法】大改正』（小社刊）がある。

木島法律事務所
〒134-0088　東京都江戸川区西葛西6丁目12番7号　ミル・メゾン301
TEL：03-6808-7738　FAX：03-6808-7783
Meil：a-kitaki@lapis.plala.or.jp

図解で早わかり
債権法改正に対応！
民法【財産法】のしくみ

2017年9月10日　第1刷発行

監修者	木島康雄（きじまやすお）
発行者	前田俊秀
発行所	株式会社三修社
	〒150-0001　東京都渋谷区神宮前2-2-22
	TEL　03-3405-4511　FAX　03-3405-4522
	振替　00190-9-72758
	http://www.sanshusha.co.jp
	編集担当　北村英治
印刷所	萩原印刷株式会社
製本所	牧製本印刷株式会社

©2017 Y. Kijima Printed in Japan
ISBN978-4-384-04761-5 C2032

JCOPY〈出版者著作権管理機構　委託出版物〉
本書の無断複製は著作権法上での例外を除き禁じられています。複製される場合は、そのつど事前に、出版者著作権管理機構（電話 03-3513-6969　FAX 03-3513-6979　e-mail: info@jcopy.or.jp）の許諾を得てください。